clave

Montse Domènech es licenciada en pedagogía y psicología infantil por la Universidad de Barcelona. Su labor profesional la realiza en Punt Psicologia con un equipo de psicólogos, pedagogos, psiquiatras y logopedas. En la actualidad, su trabajo se centra en la atención psicopedagógica de niños, adolescentes y jóvenes con trastornos escolares, conductuales y emocionales. En sus muchos años de experiencia ha tenido la oportunidad de ayudar a una gran cantidad de niños y adolescentes que han presentado diferentes trastornos de comportamiento, falta de hábitos, bajo rendimiento escolar, conductas de riesgo, alteraciones emocionales y otro tipo de problemas. En la práctica diaria de su consulta presta atención psicológica a adultos, adolescentes y niños; con ellos ha podido demostrar que, con un correcto diagnóstico y un tratamiento sistemático, los desórdenes derivados de hábitos incorrectos pueden solucionarse perfectamente, lo que genera una gran satisfacción en los padres y en los propios niños.

MONTSE DOMÈNECH

Con la colaboración de Irene Claver

Edúcame bien

DEBOLS!LLO

Primera edición en Debolsillo: febrero, 2016

Printed in Spain – Impreso en España

ISBN: 978-84-663-2959-0
Depósito legal: B-25.853-2015

Compuesto en Anglofort, S. A.
Impreso en Liberdúplex
Sant Llorenç d'Hortons (Barcelona)

P 329590

Penguin
Random House
Grupo Editorial

A Eduard, por compartir conmigo la maravillosa tarea de ayudar a madres y padres a ser <u>los mejores</u> educadores para sus hijos

Índice

PREGUNTAS Y RESPUESTAS

Sobre valores éticos: sinceridad, tolerancia, compañerismo, empatía, solidaridad, autoestima...

SOBRE RESPONSABILIDADES: cargos, iniciativa,
orden, implicación familiar, atención...

Sobre firmeza y disciplina: las altas expectativas
y la exigencia de los padres, somos sus
modelos/referentes, comunicación, diálogo...

Sobre hábitos: higiene, orden, rutinas, control del tiempo, alimentación, estudio...

Sobre comportamiento: rabietas, negativas,
desplantes, insultos, agresividad, pasotismo...

Sobre situaciones especiales. Alteraciones: dificultades
en el aprendizaje, desmotivación, tristeza, distimia
o depresión, celos, bloqueo emocional, fobias...

· Prólogo

La buena educación nos recuerda el título de una película, aunque en positivo, porque así es como debería ser: cotidiana y agradable. Sin embargo, lo bueno no siempre resulta fácil, y por este motivo los especialistas seguimos insistiendo en esta labor. También por eso existe este libro que tengo el gusto de presentaros y de apoyar, en línea con otros títulos sobre pediatría, sobre el buen dormir y sobre otros hábitos necesarios, como comer o mantener la higiene que tanto yo como Montse Domènech hemos publicado.

En calidad de pediatra y de experto en Medicina del Sueño, es interesante plantear una reflexión: ¿son los niños bien educados aquellos que han aprendido y siguen correctamente unos hábitos para comer, dormir, asearse y organizar su rutina de estudio y juego? Considerando que la base de la educación se sitúa en practicar costumbres saludables y en comportarse según unos valores, la respuesta es SÍ. Educar bien es enseñar y saber consolidar hábitos.

Esto es solo una parte, porque la otra media naranja de la educación son los valores. Que nuestros niños y jóvenes sean generosos, respetuosos, solidarios, comprometidos, que se esfuercen, que se superen, que sepan reconducir la frustración... depende de nosotros. Atención, entendemos por «nosotros» a los padres, abuelos y cuidadores; a los profesores, psicólogos y demás especialistas: a to-

dos los que atendemos a los más pequeños. Ya es hora de que asuma-
mos la responsabilidad conjunta de la educación global, y que dejemos de chutar balones a córner e intentar que solo se encargue de
guiar a los niños la familia, la escuela o el psicoterapeuta u orientador.

Es en el espacio familiar donde deben cultivarse estos valores,
para alejarnos del individualismo y del materialismo, para llegar al
colegio y compartir, con paciencia y tolerancia, y para evitar, en lo
posible, que nuestros hijos tengan problemas de integración y de
interacción con todo lo que los rodea. La sociedad ha cambiado, las
estructuras familiares se han diversificado y muchos afirman que nos
afecta una crisis de valores. Eduquemos, entonces. Formemos y ayudemos a desarrollar todas las capacidades físicas, emocionales e intelectuales de los niños mediante pautas seguras y sencillas, con sentido común y afecto y, sobre todo, predicando con el ejemplo.

En este libro recordamos, también con cariño, estas pautas. Por
una buena educación, siempre.

DR. EDUARD ESTIVILL

Quiero lo mejor para ellos

En mis casi 40 años como psicóloga, y con la experiencia de miles de casos atendidos, si hay una frase que he oído de forma recurrente y que resume el deseo de cualquier padre o madre es «Yo solo quiero lo mejor para mi hijo». Pero ¿qué es «lo mejor»? A veces nos confundimos y pensamos que darle lo mejor significa proporcionarle todos los caprichos (las últimas zapatillas de marca, la videoconsola, el móvil de nueva generación, la semana de esquí con los amigos, la moto, etc.).

Dejando a un lado cuestiones básicas como la ropa y la alimentación, lo mejor que podemos regalarles a nuestros hijos es amor y algo que tampoco nos cuesta nada (aparte de mucha paciencia, buen humor y tenacidad) pero que les resultará valiosísimo para su desarrollo como personas y ciudadanos: unas normas de comportamiento y unos valores. Es decir, una buena educación.

Al transmitirles unas normas de comportamiento y unos valores universales, junto con las costumbres y creencias personales, les ayudaremos a convivir y relacionarse. Siempre y en cualquier circunstancia. Les estaremos preparando para que se enfrenten a la vida con seguridad, autonomía y de una manera sana y responsable.

Nuestro objetivo no es que se conviertan en niños «10» o «perfectos» (algo aburrido e irreal), sino que, aunque sigan cometiendo travesuras, remoloneando por la mañana, intentando escaquearse de sus tareas, peleándose con hermanos y amigos y enganchados a los juegos o al chat, aprendan a pedir perdón, a hacer las paces, a escuchar, a ser tolerantes con los demás y, en definitiva, a negociar y a interaccionar con solidaridad, generosidad y aprecio con los que les rodean.

En este libro, pensado y creado como una guía práctica, abordamos todos aquellos conceptos y situaciones que se repiten en el contexto familiar cuando hablamos de educar a nuestros hijos desde el nacimiento hasta la adolescencia, que les llevará a caminar de forma independiente por la vida. Son respuestas a las dudas más comunes y corrientes (no hay que alarmarse) de los padres a la hora de enseñar hábitos, de explicar la importancia de los valores, de predicar con el ejemplo sin perder la autoridad, de aplicar «castigos» y también de premiar pequeños y grandes triunfos de comportamiento. Añadimos unos apartados en el que se tratan situaciones especiales, en las que nuestros pequeños y jóvenes sufren alguna patología o algún problema con el entorno que precisa de atención profesional y familiar. Es un libro para madres y padres «preocupados», para aquellos que siempre quieren avanzar y mejorar.

Sí, porque los padres, los abuelos, los cuidadores y educadores de los niños, en definitiva, dudan en el sufrido y gratificante camino que es enseñarles el mundo a sus pequeños y adolescentes. Las situaciones críticas se suceden de forma idéntica en las familias tradicionales, monoparentales, de dos padres o dos madres, y en las formadas por segundas o terceras parejas tras el divorcio de los progenitores. Así, los especialistas hemos estimado que, en la actualidad, entre el 8 y el 10 por ciento de los niños deben afrontar algún problema que requiere atención.

El cambio significativo reside en el tipo de problemas que atendemos hoy en las consultas; si años atrás estaban asociados a las dificultades de aprendizaje y a asuntos académicos, actualmente están relacionados con la conducta. Los niños se comportan de una manera más rebelde e irrespetuosa, además de mostrar una profunda desmotivación y un desconocimiento del valor del esfuerzo. Junto a esta constante, distinguimos también un modelo de educación basado en la sobreprotección, algo que les impide aprender a soportar la frustración y que favorece un carácter caprichoso.

En esta línea, resulta curioso ver que la tarea de educadores puede servirnos para reflexionar sobre cómo nos desenvolvemos los adultos con nuestros valores. Y es que ayudar a crecer a nuestros hijos puede mejorarnos a nosotros mismos como personas y hacernos más tolerantes y felices. Al predicar con el ejemplo, todos los miembros de la familia tenemos claras las normas y los límites; somos más conscientes de que compartir es divertido y reconfortante; de que saber estar en cualquier lugar y con todo tipo de personas nos aporta seguridad y refuerza la autoestima. La paciencia, el sentido del humor, el afecto y la buena gestión de la frustración conforman el mejor equipaje para el viaje por la vida de nuestros pequeños y de nosotros mismos.

En definitiva, aprovechemos para ser mejores personas gracias al grato y a ratos difícil trabajo de educar a los niños. No solo en casa o en el marco de la familia (abuelos) o de los cuidadores profesionales (canguros), sino también en constante complicidad y comunicación con el entorno escolar y con los psicólogos especialistas. Nuestro hijo necesita de los estímulos emocionales y de los conocimientos que le ofrecemos los que participamos en su educación, pero debemos orientarle en qué hacer con ellos. ¿Cómo? Con libertad bien conducida, con límites flexibles. Aceptando a nuestros hijos como son y creyendo en ellos, queriéndolos como son. Tomando distancia, compartiendo el problema y repartiendo la responsabilidad de reconducirlo, porque no en todas las ocasiones es preciso el apoyo del psicólogo (de hecho, en los casos comunes y del día a día, derivar el problema a un especialista supone no asumir la responsabilidad).

Sí, nadie dijo que fuera fácil. Pero, para nuestra tranquilidad, todos disponemos de las herramientas fundamentales para cuidar a nuestros hijos: la atención y el cariño. Para lo demás, os proponemos estas respuestas. Esperamos que os sean útiles y constructivas.

MONTSE DOMÈNECH
Septiembre de 2013

Preguntas y respuestas

Sobre valores éticos:
sinceridad, tolerancia, compañerismo, empatía, solidaridad, autoestima...

Bueno, tenemos una persona a nuestro cargo. Somos sus referentes directos, de quienes extraerá sus modelos para relacionarse y aprender a desempeñar sus responsabilidades y también a desarrollar su creatividad. Nuestro hijo necesita educación, y ese es un asunto que nos concierne de manera personal e intransferible. Ni la escuela ni nadie puede sustituirnos en el empeño, y tampoco existe una teoría que sirva a todos los niños por igual. No hay manual de instrucciones.

Educar es escuchar, y observar cada situación, respetar las particularidades de cada niño y reconocer sus habilidades y sus defectos. Comunicarnos sin discursos vacíos, rigidez y distancia, sino con imaginación, humor, sentido común y empatía a prueba de bombas.

Por otra parte, educar no significa adoctrinar ni dogmatizar. Los conceptos de humanidad que transmitimos deben servirle para sentirse mejor con él mismo y con su entorno inmediato. Un niño bien educado es un niño sensible a la alegría y al dolor ajenos, a la responsabilidad, al esfuerzo, a la amabilidad, a la autonomía y a la convivencia. Educar es ayudar a integrar y a reforzar la seguridad y la valía personal de nuestro hijo.

A pesar de que hoy estos valores puedan verse mermados por el estrés y el materialismo con el que se compensa la falta de tiempo para los niños, es esencial que hagamos, como padres, el ejercicio de autoexaminarnos en amabilidad, buena conducta, confianza y optimismo. Los más pequeños son nuestros mejores seguidores; lo imitarán todo con independencia de lo más o menos «movidos» que sean (la agresividad o el desorden no se corresponden siempre con un carácter nervioso). Los niños son unos aprendices natos: asimilan hábitos de higiene, comportamientos, rutinas y expresiones de forma natural. A nosotros nos toca conocerlos a fondo y saber cómo sacar lo mejor de ellos.

Cuando potenciamos las cualidades del niño, aumenta el bienestar de toda la familia. Es tan importante para la vida diaria aprender a comer, a asearse, a cumplir con actividades y responsabilidades, como poner en práctica valores que nos permiten estar bien con los demás. A través de los valores se aprende, pues son la base para construir la idiosincrasia de cada familia, son el eje para que la sensibilidad, el respeto, la tranquilidad y la comunicación fluyan. Cada familia es única en sus maneras, pero funciona porque los valores, la educación, triunfan.

Es muy importante resaltar que no porque seamos más o menos estrictos o liberales nuestra familia será más o menos acertada. Todos los modelos son respetables, y lo que realmente importa es ser coherentes con nuestra filosofía de vida y procurar que el niño la incorpore para que, de adulto, pueda elegir su propia manera de pensar y hacer.

Como profesional, si hay un caso que recuerdo con cariño es el del primer niño que pusieron en mis manos para tratar una dislexia. Apoyé mis conocimientos teóricos en algo que transformó todo el proceso: conocer al niño, su carácter y sus necesidades. Y fue increíble. Así pues, ¿dónde no podrán llegar unos padres si descubren la personalidad de sus hijos y contribuyen a dar alas a sus posibilidades?

1. ¿Cómo fomentar la confianza entre padres e hijos?

La confianza es un concepto clave dentro de la interrelación entre padres e hijos: depende absolutamente de la comunicación que entablamos con ellos desde el primer momento, cuando son bebés, a partir del afecto, la cercanía y la intención de que sepan que estamos ahí para cualquier cosa, buena o menos buena. Pero, atención, la confianza no funciona en una sola dirección, no se trata de que ellos nos cuenten qué les encanta o qué les preocupa; hablamos de que nosotros conozcamos sus vivencias y preocupaciones o ilusiones, y de que ellos también conozcan las nuestras. Eso sí, por supuesto, contadas con delicadeza y «en su idioma», para que nos entiendan y no caigan en exageraciones ni confusiones.

De este modo, en una situación conflictiva y habiendo transmitido los valores para afrontarla, sentiremos que nuestro hijo será responsable, capaz, y acudirá a nosotros abiertamente porque siente que confiamos en él. Cuando no nos fiamos del niño, es posible que sea porque ha recibido influencias más fuertes del ámbito externo a la familia. En especial, los adolescentes tienden a aislarse del ambiente familiar para intentar encajar en un grupo por el que necesitan ser aceptados para reafirmarse. Ante tal desapego o cerrazón, muchos padres se sienten decepcionados y demuestran desconfianza hacia sus hijos, algo que puede provocar una ruptura en la comunicación difícil de recuperar.

Hay padres que exigen estar informados de todas las actividades y los planes de sus hijos cuando, sin embargo, ellos no han construido el puente de confianza necesario para que el niño se desenvuelva sin miedo a la crítica o a la represalia. Los adultos deben empezar por exteriorizar lo que piensan y lo que sienten, sus valores, para que el más pequeño sepa seguirlos y se sienta seguro a la hora de comunicarse con ellos.

Otro aspecto básico de la confianza es el respeto a una parcela propia, a una intimidad sagrada que pertenece a cada persona. Entre las madres se suele dar el caso de que quieren saberlo todo de sus hijas. Pero no hace falta saber el qué, sino cómo lo viven las niñas: la confianza no reside en si nuestra hija se ha dado uno o cinco besos con alguien, sino en si es feliz o está preocupada por esa nueva experiencia.

Nuestros hijos no necesitan nuestro control, sino saber que cuentan con nuestra confianza, que es el vínculo que les permite aprender algo más útil: el autocontrol.

◆

2. ¿Cómo evitar que nos digan mentiras?

Algunos padres refieren, asustados, que su hijo es «un mentiroso compulsivo», pero desde el punto de vista profesional esta afirmación no es del todo cierta. Un niño miente siempre por alguna razón: bien porque tiene miedo o inseguridad para mostrar lo que piensa o por cómo ha actuado, bien porque teme la reprimenda o el castigo. El miedo y la culpabilidad son las dos causas más comunes para refugiarse en la mentira.

Aquí es donde la comunicación con el hijo impulsa el acercamiento: «Si me dices la verdad, no solo no pasará nada, sino que te sentirás más tranquilo y podremos ayudarte a rectificar, se trate de lo que se trate». La mentira es desdeñable, sí, pero castigar a un niño que ya se siente culpable y no tiene con quién desahogarse resulta mucho peor. Las mentiras pesan, y nuestro hijo debe aprender a darse cuenta de que mentir no le compensa y que confesar lo obvio no conllevará amenaza ni castigo.

El adolescente suele preguntar si debe contárselo todo a sus padres. Pero una cosa es callarse una verdad y otra es elaborar una mentira. Al callar una verdad, en realidad lo que estamos haciendo es reservárnosla para descubrirla en el momento más oportuno, en el que nos sintamos cómodos. En cambio, alimentar una mentira puede introducirnos en un círculo vicioso del que será complicado salir, y con el que crecerán la inseguridad y la culpabilidad.

Cuando nos dicen que van a casa de un amigo y se van a la discoteca, pero acaban por destaparlo en un momento de distensión, es importante no condenarlos de manera desproporcionada, sino ofrecerles recursos para que en el futuro cuenten la verdad, pidan permiso y se ganen nuestra confianza para salir y divertirse. Y también proporcionarles recursos para saber pedir perdón.

El valor de la sinceridad no está suficientemente valorado en nuestra sociedad, pero buena parte del respeto que cosecharán nuestros hijos de adultos será por la transparencia de lo que digan y su correspondencia con la realidad. Además, debemos explicarles que decir la verdad evita muchos problemas, ya que recordar delante de cada persona las mentiras que dijeron supone todo un estrés. También hay niños que empiezan contando pequeñas mentiras y, como los padres no les reprenden, se acostumbran a engañar.

Otra motivación para mentir es, muchas veces, el deseo de llamar la atención. En la etapa preescolar, por ejemplo, es muy común que un niño acuda a clase con la noticia de que su madre «espera un hermanito», que sus padres se separan o que un familiar muy cercano ha sufrido un accidente. Los maestros y los profesores se lo creen y dispensan al pequeño un trato especial, que es justamente lo que está buscando.

Los niños son fantasiosos por naturaleza; les gusta deslumbrar a sus compañeros con historias llamativas. Por lo tanto, si además de moverse entre la fantasía y la realidad, los padres no les guían en este sentido —si no los corrigen cuando mienten—, pueden cruzar la línea de la imaginación sana para caer en el hábito de las mentiras compulsivas.

Para que los niños no desarrollen esta dinámica negativa podemos plantearles, como ejemplo, una situación que tendrá diferentes finales según si se ha dicho una mentira o la verdad, de modo que entiendan por sí mismos las ventajas de la sinceridad. Así, comprenderán que decir la verdad conlleva que la familia y los compañeros confíen en ellos.

Martín, el mentiroso compulsivo

A mi consulta llegó un niño muy simpático y sociable que se llamaba Martín. Cuando empezamos a hablar para conocer su situación me contó que su hermano había muerto cuando él era muy pequeño y que por eso siempre había deseado que sus padres le dieran otro hermanito.

Como habían llegado a la consulta por un problema totalmente diferente, me tragué la mentira y analicé su caso desde este drama sufrido en la primera infancia. Al comentarlo con los padres una semana más tarde, me dijeron, muy sorprendidos, que Martín no había tenido nunca ningún hermano y que no había muerto nadie en el entorno familiar inmediato.

Este descubrimiento me hizo ver que el niño tenía una gran necesidad de ser el centro de atención. Para lograrlo, no dudaba en emplear cualquier tipo de estrategia. Cuando le hice saber la conversación que había tenido con sus padres, se limitó a encogerse de hombros, sin darle importancia a que le hubiera cazado aquella mentira.

Además de pedir a los padres una mayor vigilancia con ese tipo de actitudes, tuve varias charlas con Martín, que ya era un preadolescente, para que se diera cuenta de la importancia de la sinceridad. Al parecer, nunca había debatido con sus progenitores sobre este tema, pero enseguida comprendió las ventajas de no decir mentiras.

En pocos meses fue incorporando hábitos comunicativos sanos y encontró otros recursos —desarrolló sus habilidades como contador de historias— para ganarse la atención y el aprecio de los demás.

◆

3. ¿Qué hacemos cuando aparece el miedo a decir la verdad?

Los padres que atemorizan a sus hijos, que les infunden miedo aun sin pretenderlo, deben recurrir a la flexibilidad. Hay niños que sienten incluso pánico a la reacción de su padre o de su madre, o de ambos, y creen que su única salvación está en la mentira, en ocultar. El miedo es la respuesta a la amenaza o a una reacción poco constructiva por parte de los padres. Por desgracia, estamos ante una situación bastante habitual. Si sospechamos que nuestro hijo nos oculta algo, podemos invitarle con amabilidad y confianza a que lo cuente cuando esté preparado, y a discutir los pros y los contras de la situación, evitando el escarnio, para llegar a una solución de mejora.

Javier, o cómo parar el hurto

Javier roba pequeñas cantidades de dinero en casa. Su madre es consciente, pero lo encubre porque teme la represalia del padre, que tiene un talante serio y estricto. Como no puede plantear la verdad por miedo a su marido, su hijo Javier no corrige su conducta.

La madre ha hecho un pacto con su hijo para que deje de robar si no quiere que se entere el padre. Pero, claro, este pacto está basado en una amenaza que reafirma la imagen negativa del padre.

De forma incidental, la abuela y la empleada doméstica se enteran del problema porque Javier les ha sustraído dinero a ambas. Para colmar el asunto, la madre también les ha rogado que guarden silencio al respecto.

Debe pasar un tiempo para que Javier se rehabilite completamente, y entonces buscar la forma de hablar de esta mala experiencia con su padre, para que sepa la verdad. Sin embargo, para poder decir la verdad, deben existir garantías de que las consecuencias van a ser constructivas y beneficiosas para el buen comportamiento de Javier. Si va a ser más perjudicial, la madre deberá dirigir y preparar al padre para reconducir el problema.

Cuando esa situación por fin se produce, el padre reprende a Javier, pero también a la madre, por no haberle hecho partícipe del problema. El chico se enfrenta a la retirada de privilegios y al enfado de su padre, y tiene que entender que deberá recuperar su confianza a partir del respeto que le demuestre no solo a él sino a todos los miembros de la familia.

En adición, la madre también tiene que modificar su actitud tolerante con las conductas inaceptables de Javier. Todos deben trabajar en casa para conseguir comunicarse mejor.

◆

4. ¿Cómo favorecer la comunicación?

Ya hemos explicado en la pregunta dedicada a la confianza que la comunicación es una casa que se construye desde el primer día, el del nacimiento del niño. Si deseamos entablar una reciprocidad, un respeto y cariño, nos toca ponernos manos a la obra y dedicarnos al máximo no solo a ser percibidos como abiertos, tolerantes y presentes, sino a expresarnos en toda nuestra dimensión. El «yo te cuento-

tú me cuentas» favorece el diálogo, que al final se vive como una práctica natural y necesaria.

Cuando los padres crean un hueco entre ellos y sus hijos, y hacen crecer un pequeño abismo entre el mundo adulto y el de los niños, sus hijos se desmotivan y no ven ninguna razón para compartir sus inquietudes con los mayores, que están en otro plano y parecen desinteresados.

Los niños deben tener muy claro que los padres sienten una necesidad genuina de comunicarse con ellos, porque les cuentan sus anécdotas, sus sentimientos del día a día, sus experiencias curiosas y cómo aprenden de ellas. Utilizaremos nuestros recursos personales para comunicarnos mejor con nuestros hijos.

No debemos equiparar una mayor comunicación con la pérdida de autoridad. No por hablar con los niños, estos dejarán de hacernos caso o ignorarán nuestras indicaciones. Al contrario, al poder hablar más y mejor, contamos con más bazas y argumentos para transmitir las normas y que no nos vean como ogros sino como una influencia creíble y positiva.

Además, debemos respetar que nuestro hijo elija el momento justo para explicarnos lo que quiera, sin forzarle. No olvidemos que estamos enseñándole a dialogar y a saber escuchar, y que somos los primeros que tenemos que practicar esas habilidades comunicativas.

Un estilo de vida estresante puede arrastrarnos a la incomunicación, porque los niños deben seguir sus rutinas y los padres están cansados y sin ganas de desentrañar sus preocupaciones. En ese caso, es recomendable fijar un momento para la comunicación, por ejemplo, antes de dormir, en el que charlamos un rato sobre todas las impresiones del día y nos mantenemos al corriente de lo que importa a cada miembro de la familia. Nuestros pequeños se van a dormir felices y satisfechos de ese intercambio de palabras, de esa tertulia que tanto les gusta. Los padres, por su parte, tienen la vía perfecta para detectar en qué momento emocional se encuentra su hijo.

———◆———

5. ¿Podemos enseñar tolerancia entre los diferentes miembros de la familia?

Por supuesto. Es más, resulta imprescindible y gratificante. Es una buena oportunidad, además, para plantearnos la importancia de la individualidad. Porque por mucho que eduquemos a todos nuestros hijos de la misma manera, no se comportarán según lo esperado y en paralelo. La típica frase de los padres «¿Cómo me han salido tan distintos, si los he educado a todos igual?» cae en saco roto porque no tiene en cuenta que cada hijo tiene su propia personalidad. Y que así debe ser.

La carga genética y los estímulos externos determinan el carácter y nos hacen únicos. Para un niño, ser único es fascinante, y así tienen que hacérselo saber y sentir sus padres. A veces, los padres se empecinan en transformar o cambiar características de su hijo porque piensan que de ese modo se desenvolverán mejor, cuando, en realidad, deben aceptarlo como es. Quizá el hecho de que esté en la luna forma parte de su gran creatividad, más allá de que estemos convencidos de que es demasiado despistado o descuidado, o de que tiene un problema de atención. Encorsetar al niño en un rol que no le corresponde equivale a no respetar su individualidad, su naturaleza. Ahí citaríamos los típicos casos de niños que quieren pintar y cuyos padres se empeñan, entusiasmados, en que practiquen más deporte.

Desde este punto de vista, los celos entre hermanos aparecen como algo positivo, puesto que son el reconocimiento de que somos diferentes, y representan una excelente oportunidad para enseñar un valor como la tolerancia. Cuando un hijo nos pregunta «¿Por qué mi hermano puede hacer esto y yo no?», nuestra mejor respuesta es «Porque sois diferentes». No obstante, el gran matiz radica en aclarar lo buena que es esa diferencia, porque cada uno tiene cualidades que lo hacen único y que complementan a las de su hermano u otro miembro de la familia. Las diferentes cualidades suman y nos hacen especiales.

Los celos son tolerables porque representan la prueba de que existe afecto e interés entre hermanos, aunque hay que encauzarlos para evitar consecuencias no deseables. De hecho, no hay nada peor que el que los niños se ignoren. La competencia saludable ayuda a que desarrollen estrategias para superarse en sus quehaceres y capacidades, y a que respeten las cualidades y diferencias de otras personas.

Salva, su hermano, los celos y la tertulia nocturna

Salva se llevaba a matar con su hermano pequeño, hasta el extremo de que los padres temían por la integridad física de sus hijos. Durante el día, los niños se molestaban, se incordiaban y se pegaban. La situación era tensa; reinaba la agresividad.

Le pregunté a Salva a qué se debía esa «guerra» personal, qué le había hecho su hermano para que él propiciara el conflicto. Salva respondió que no soportaba sentir que a su hermano lo valoraban más; aunque reconocía que el otro no tenía la culpa, eso le sacaba de quicio.

Lo sorprendente y lo que cambió la orientación del tratamiento fue la simpática confesión de Salva respecto a lo que ocurría en casa a la hora de dormir. Él y su hermano se odiaban de día, pero al llegar la noche se reunían en su habitación y se sentaban en la cama, deseando que no les interrumpieran. ¿Por qué? Porque era su momento, en el que se lo contaban todo y lo compartían todo. Esta tertulia

nocturna, que sorprendió a los padres y a mí misma, desveló que esa
peculiar guerra y la posterior fumata blanca de la paz, tirados en la
cama, era una manera de conocer los límites de cada uno y de respe-
tarlos. Actividad y reconciliación.

---

6. ¿Cuál es la mejor manera de aprender a aceptar la frustración?

Aceptar, entender y superar una frustración resulta básico para madurar. No nos referimos a la creencia tan arraigada de que solo se
aprende con los golpes de la vida, sino a que para crecer y mejorar
tenemos que saber gestionar lo bueno y lo malo. Justamente, esta
habilidad es lo que podríamos denominar aprendizaje. O, en casos
más adversos, resiliencia.

Algunos niños parecen frágiles, débiles, hipersensibles, todo les
afecta mucho, lo que nos puede llevar a pensar que no serán capaces
de asimilar y superar un suceso doloroso o una decepción. Sin embargo, todos debemos aprender a transitar por el dolor para ganar y formar estrategias que nos permitan vencer cualquier obstáculo futuro.

Es evidente que la frustración continua puede marcar y despertar
el miedo o el pesimismo, pero cuanto más insistamos en la idea de
que es un mal momento que pasará, y que hay que tener paciencia y
poner en marcha el esfuerzo y la tenacidad, mejor dispuesto estará
nuestro hijo para enfrentarse a la frustración o a la pérdida.

Cuantas más veces le saquemos las castañas del fuego, cuanto
más le preservemos de cualquier inconveniente, menos preparado
para enfrentarse a los problemas crecerá. Por descontado, un niño es
un niño, precisa de nuestra protección. Sabe que con nosotros está
a salvo, y una forma más de que se sienta seguro es explicarle con

delicadeza lo sucedido y darle pautas para que lo acepte y no tenga miedo de que vuelva a pasar.

Cuando nuestro hijo vive la frustración constantemente, porque se esfuerza y no saca buenas notas, no es bien aceptado por sus compañeros o está desmotivado, resulta urgente buscar una *ventanita* que le compense, una actividad, un ambiente o una responsabilidad que le devuelvan la confianza. Recurriendo al símil del atleta, somos corredores que partimos de la salida con la mirada puesta en la meta, pero no siempre podemos ser los primeros. No siempre ganamos, pero nuestra carrera sigue, y vamos perfeccionándonos gracias al esfuerzo.

Fabián y su defecto físico

Durante toda su infancia, y habiendo nacido con una deformación grave en el rostro, Fabián soportó las burlas de su entorno. De niño fue el tímido y apartado, el que nunca se atrevía a involucrarse en los juegos y reuniones. Llegado a la adolescencia decidió que no podía seguir así, que hasta que pudiera someterse a cirugía en su mayoría de edad, encontraría una estrategia de socialización.

En lugar de desfallecer y de encerrarse en sí mismo, esta diferencia le ayudó a darle la vuelta a la situación. En un ejemplo de resiliencia, y hasta que cumpliera la mayoría de edad, el adolescente Fabián dio con un peinado que disimulaba esa parte de la cara, y desarrolló su simpatía y generosidad, apoyado por la terapia y su entorno: le hicimos sentir e interiorizar todos sus valores y puntos fuertes, más allá de su imagen. Se convirtió en uno de los chicos más carismáticos y valorados de su instituto.

---

7. ¿Cómo desarrollamos la empatía?

Veamos un ejemplo para entender este valor. Nuestro hijo es agradable, inteligente y divertido, pero no consigue involucrarse con otros a nivel social: no tiene un grupo de amigos con quienes identificarse. En este caso, es muy probable que no sepa demostrar o dar a conocer sus habilidades personales, y que tampoco sepa reconocer las de los demás. Carece de empatía, y más bien establece una rivalidad o una resistencia a abrirse a los otros niños.

Podemos hacérselo entender con este sencillo dibujo:

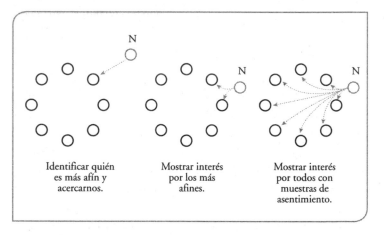

Identificar quién
es más afín y
acercarnos.

Mostrar interés
por los más
afines.

Mostrar interés
por todos con
muestras de
asentimiento.

El círculo parece cerrado; el niño que intenta introducirse en él se siente marginado y piensa que los demás le ignoran o se ríen de él. Los niños que ya tienen un código de relación no pedirán al nuevo que se una a ellos. <u>La persona que llega debe buscar a aquel con quien se identifique más o tenga más cosas en común</u>. No hace falta irrumpir, sino interesarse por lo que dice y hace esa persona, y empezar a mostrar interés también por lo que expresa cada persona del grupo, aunque solo sea afirmando o con algún gesto sencillo. Poco a poco, y de forma tácita, nuestro hijo será aceptado en el grupo y podrá darse a conocer, se involucrará con sus nuevos amigos y buscará los puntos que los unen.

◆

8. Mostrando el valor del compañerismo

Relacionado con el término solidaridad, se suele confundir el compañerismo con la amistad. No obstante, son valores distintos. En el marco de un club deportivo, por ejemplo, compartimos objetivos con las otras personas que practican la misma actividad que nosotros y nos complementamos y ayudamos para alcanzar ese objetivo. O si vamos a pasar un examen, intercambiamos apuntes con los compañeros para que todos dispongamos de la máxima información.

Frente al egoísmo o a la competitividad individual, el compañerismo es una fuente de enriquecimiento personal muy valiosa. Incorporamos a nuestro imaginario nuevas formas de proceder y de pensar, aprendemos a trabajar en equipo, nos sentimos parte de un proyecto interesante, ganamos estímulos y versatilidad porque desarrollamos maneras diversas de adaptación. Ganamos en empatía.

De ahí que sea tan bonito e importante motivar a nuestro hijo a hacer actividades en grupo, y luchar contra el afán de convertirse en líderes con la única ambición de ser famosos o ricos. El materialismo no casa con el compañerismo. Con eso no queremos decir que la ambición sana de tener estabilidad económica sea condenable, pero sin unos valores sociales, nuestro hijo estará sujeto a cuestiones materiales, más efímeras.

◆

9. Que sientan las satisfacciones de ser solidarios

Recuerdo a una madre que me contaba una anécdota entrañable. Cada semana acudía al mercado con sus dos hijos pequeños. Allí, charlaba y daba una ayuda a un mendigo. Un día, su hijo le preguntó por qué lo hacía, y ella le respondió que quería contribuir a que ese hombre pudiera comer y vestirse, porque era una persona que había tenido una vida difícil y merecía que los que tenían más que él le echaran una mano. El niño, emocionado con la contribución, entendió la solidaridad, aunque enseguida contrarrestó con otra cuestión: «¿Y por qué no les das dinero a todos los mendigos con los que nos cruzamos?».

La pregunta no solo es lógica, sino que además resulta útil para explicar el valor de la solidaridad. Podemos hablarle de intercambio, de obligación social respecto a otra persona que no ha tenido la misma suerte que nosotros o que necesita apoyo en un momento dado porque lo está pasando mal. No es un sentimiento asociado a la compasión o a la lástima, ni siquiera a la buena conciencia; <u>se trata de compartir, de poner nuestro grano de arena para que todos vivamos mejor</u>.

La solidaridad supera lo monetario, afecta a todos los ámbitos en los que podemos hacer algo para ayudar al otro de una manera práctica. No hace falta que tenga lugar en un espacio oficial ni institucional, porque la cercanía, lo que podemos poner de nuestra parte con nuestros vecinos y compañeros de colegio, es la base de todo, con una enorme retribución emocional.

¿Ascensor en el cole? Juan nos tiene a nosotros

Estuve muchos años atendiendo a niños de un colegio en el que había numerosas barreras arquitectónicas. Juan, que iba en silla de ruedas, pasaba de curso y tenía que acceder a las aulas del segundo piso, así que la dirección planteó instalar un ascensor. Qué sorpresa cuando sus compañeros se reunieron con la dirección para comunicar que podían emplear el presupuesto en otras cosas, porque a Juan lo subirían ellos a clase. Cada día se turnaban para ayudar a su compañero, con independencia de que al final se instalara o no el ascensor. Emocionante.

Los niños, movidos por el aprecio y la fuerza de superación que Juan había aprendido, comprendieron que todos podían hacer piña por un amigo que no tenía su suerte pero que les aportaba lo mejor de sí mismo. La solidaridad fue el resultado de la cooperación, del intercambio, del respeto y del cariño.

---

10. ¿Cómo los involucramos en los asuntos familiares?

Antes hemos expuesto que nada hay más esencial y necesario que la comunicación, porque es el vehículo por el que transitan todos los demás valores. Si no existe un vínculo con los niños, no tenemos una puerta de acceso a sus pensamientos y sentimientos; es decir, no tenemos ni una mínima posibilidad de incidir en su conducta.

Dicho esto, si existe vinculación afectiva, todos los familiares saben cómo están los demás para poder ofrecer apoyo moral o comprender qué sucede. Para involucrar a los niños en los asuntos del núcleo familiar debemos dejar aparte el dramatismo e intentar hablar, con calma y con una actitud positiva, de temas como los problemas económicos o los cambios que se puedan producir. Nuestros hijos deben saber que, pase lo que pase, los vamos a querer y cuidar y que intentaremos superar los problemas unidos. Esconder las dificultades provoca incomprensión y distanciamiento entre los miembros de la familia, mientras que reconocerlas proporciona elementos para adaptarse a lo nuevo.

---

11. Potenciemos la sensibilidad

Aquí tenemos otro valor contrario al materialismo. Lejos de la debilidad, <u>somos sensibles cuando alcanzamos a valorar más que el envoltorio, lo externo, para ver lo que hay bajo lo superfluo</u>. Debemos potenciar las emociones propias del niño: lo que le gusta y le disgusta, lo que le hace sentirse bien, lo que le motiva y anima, las relaciones que traba con los demás.

El niño puede aprender que decir las cosas como las piensa es saludable, pero que es aún más importante decirlas de una determinada manera para que el otro las pueda entender y asimilar. De eso va la sensibilidad, de detectar también la sensibilidad ajena. Así pues, forma parte de otro valor, la empatía.

Una buena opción para enseñarle a ser permeable y a expresar su sensibilidad es invitarle a que cree un espacio personal, sea su habitación o su rincón de juegos, y que lo organice a su gusto, según cómo siente el entorno y cómo le gusta que luzca y sirva a sus intereses. La sensibilidad estética, el buen o mal gusto, la alegría de colocar algo en determinado lugar y de cierta manera para disfrutarlo al máximo, nos enseña mucho de la personalidad de nuestro hijo. Nosotros, como siempre, somos su guía, así que expresar lo mucho que nos gusta o no algo, describir sensaciones, hará crecer la sensibilidad del niño. Es decir, compartiremos con él historias con un alto contenido sentimental.

---

12. Educando en la afectividad

Educamos en la sensibilidad mostrando sensaciones, y educamos en la afectividad siendo afectivos. Ni más ni menos. No obstante, no sabemos exactamente qué va antes, ¿el huevo o la gallina?; es decir, qué prima en la educación, ¿el afecto o las pautas? Bueno, al respecto diremos que intentamos transmitir valores a nuestros hijos por una razón: porque los queremos y deseamos lo mejor para ellos.

El niño debe ser consciente de que detrás de cualquier exigencia están el amor y las ganas de que sea una gran persona, y no el deseo de fastidiarle o regañarle. Siempre les transmito a los padres, desde mi posición de psicóloga, que la exigencia es cariño y confianza; que cuanta más exigencia bien conducida, mejor comunicamos que creemos en las posibilidades y capacidades del niño. Cuanto más creemos en él, más le transmitimos estima y complicidad a través de la palabra positiva, de las sensaciones y del contacto físico. Los abrazos, los besos, las caricias, las cosquillas son medios para demostrar afecto, para establecer comunicación.

No obstante, hay niños que no se sienten cómodos con el cariño físico y que demandan otras expresiones de complicidad que debemos conocer, respetar y compartir.

Además de ser amable y afectuoso, saber expresar los propios sentimientos de manera efectiva es una habilidad que aporta equilibrio psicológico. Hay sentimientos que suelen calificarse como negativos, como, por ejemplo, el llanto o la rabieta, pero que resulta necesario exteriorizar. Lo importante es canalizarlos adecuadamente, porque si el niño no tiene un control sobre estas emociones sentirá malestar.

Tan absurdo es que un niño llore por cualquier cosa, como el que ríe sin cesar de todo lo que sucede a su alrededor. Por lo tanto, los padres debemos enseñar a nuestros hijos a dar salida a sus sentimientos con mesura para que se sientan bien y, a su vez, hagan sentir bien a los demás.

En el otro extremo tenemos a niños que no transmiten nada de lo que sienten, por lo que los adultos que cuidan de ellos no saben si están bien o mal, contentos o enfadados. Padecen un bloqueo emocional que, dependiendo del grado, puede requerir una terapia de apoyo.

Mónica elige el silencio

Los padres de esta niña de 8 años estaban separados desde hacía años y la madre vivía con otra pareja que no tenía buen *feeling* con Mónica. A resultas de esto, la pequeña se negaba a hablar al compañero de su madre, es decir, su padrastro, y empezó a bloquearse emocionalmente.

De manera inconsciente, la niña pensaba que aquel hombre había suplantado a la figura paterna y no aceptaba de él ninguna clase de consigna. Si le pedía que hiciera los deberes o se acostara, su respuesta era: «Déjame en paz. Tú no eres mi padre».

En la consulta me llamó la atención que tomó un clip de mi mesa y lo retorció hasta destrozarlo. Era su manera de expresar la frustración que sentía al no poder exteriorizar las emociones que bullían en su interior. Cuando dibujaba, apretaba mucho el lápiz y hacía composiciones muy oscuras y tortuosas.

Intenté explicarle a Mónica que, aunque el compañero de su madre no fuera su padre, como adulto que vivía en el mismo hogar tenía una responsabilidad hacia ella. Aunque la relación padre-hijo sea inimitable, su padrastro estaba obligado a implicarse en su educación.

La dificultad con la que me encontré fue que la niña, justamente porque tenía un bloqueo emocional, no quería hablar de ese tema. Solo reaccionó cuando le formulé la siguiente pregunta: «Si tuvieras una varita mágica con la que pudieras obtener lo que quisieras, ¿qué pedirías?», Su respuesta fue. «Que mis padres volvieran a estar juntos».

Para acercarme un poco a sus sentimientos, hicimos juegos en los que representábamos diferentes situaciones ante las que la niña, sin darse cuenta, daba una respuesta emocional. También le ponía ejemplos de otros niños de mi consulta en una situación similar para que me diera su opinión.

Saber que a otros niños les sucedía lo mismo la tranquilizó. De algún modo hizo que se sintiera «normal» y que no viera su situación como un drama. Mi mensaje era: «Esto forma parte de la vida, y cuanto antes te adaptes, mejor te sentirás».

Poco a poco fue entendiendo que el compañero de su madre no quería suplantar a su padre y empezó a permitir un grado de relación más saludable para todos.

◆

13. ¿Podemos mantener el buen humor?

El humor es la clave de todo, en la educación y en la vida. Una norma con humor y una indicación autoritaria son totalmente diferentes para el niño. No es lo mismo decir «Lávate las manos, pero ya» que sugerir «Venga, a ver si esas manos quedan más blancas que la nieve», por ejemplo. La broma y el tono distendido y relajado desbloquean situaciones como que nuestro hijo se niegue a comer, a ducharse o a levantarse.

El sentido del humor está conectado con la inteligencia, con la capacidad de emplear la ironía sana para transmitir mensajes complicados o para instaurar hábitos que no resultan muy atractivos para los más pequeños. Los padres tienen que aprender a relativizar, a desvincular la seriedad de la firmeza y la formalidad y, sobre todo, a hacer suya la máxima de que educar con seriedad no equivale a educar bien.

Fiesta del pijama escolar para Javi

Javi no se distinguía por la puntualidad. Cada mañana, su padre se las veía y se las deseaba para despertarle, conseguir que se preparara para ir al colegio y no llegar tarde. Era tan lento que un día sugerí que le gastáramos una pequeña broma. Su padre le dijo que, si no se daba más prisa, iría a la escuela en pijama. Que ese día podría comprobar cómo lo hacían el resto de los niños para estar en clase a su hora. Cuando Javi entró en el aula y vio que nadie vestía pijama, se dio cuenta de que debía adaptar su ritmo de aseo por la mañana. No se molestó porque entendió que era una broma constructiva, y rió de la situación con sus compañeros.

◆

14. Cómo educar en el respeto y en el buen trato

El respeto es el valor que más dignifica a una persona, que le confiere una entidad y un saber estar. Pese a que muchos padres no dan importancia a las maneras de sus hijos a la hora de dirigirse a ellos o a otros adultos —con fórmulas que no incluyen ni un «por favor», ni un «gracias», ni siquiera un tono de consideración—, no debemos permitir cierto estilo de lenguaje a los niños.

En ocasiones, podemos utilizar un tono que aporte humor o que se salga de la norma, pero debemos aclarar que es una excepción que corresponde a un momento en particular, y que no es apto para otras veces. En el caso del trato con personas mayores, esto cobra especial relevancia.

En el museo, en el cine, en el supermercado o dondequiera que estemos, las personas que nos rodean merecen que moderemos el volumen de la voz y que solicitemos las cosas con orden y amabilidad. Que cedamos el paso o el asiento en el autobús, que saludemos y nos despidamos... Así tenemos que hacerlo los padres, con los niños y con otros adultos, para que los hijos nos imiten desde muy pequeños. Mostrarles modelos positivos, y analizar también los negativos, para que entiendan las malas consecuencias de determinados actos. Asimismo, enseñarles que no todas las personas son respetuosas, pero que, aun así, no deben enfadarse por eso.

La responsabilidad como padres es enseñar a nuestros hijos el valor de la cortesía y de la organización en grupo. No nos referimos a respetar las jerarquías o la autoridad en exclusiva. Es esencial que aprendan a tratar con empatía y amabilidad a sus iguales.

Educar en el respeto y la autoridad transmite seguridad a los niños; de otro modo, se ahogarían en una libertad demasiado grande que no sabrían gestionar. Por lo tanto, antes de encarar la educación de los hijos, los padres deberían revisar a fondo sus propias actitudes, empezando por el tono y las formas que utilizan diariamente en la relación de pareja. Cuando el niño vive en un entorno en el que los adultos se pierden el respeto, imita este modelo en su relación con ellos, con los hermanos e incluso en el ámbito escolar.

Dicho esto, es importante transmitir el valor del respeto a los demás a través del refuerzo positivo. Es decir:

• Cuando el pequeño realiza un gesto cortés hacia otra persona, le haremos ver el valor de ese gesto a través de elogios como: «¡Lo has hecho muy bien!», «¡Da gusto ir contigo por la calle!» o «¿Has visto qué contento se ha puesto ese señor mayor cuando le has abierto la puerta?».

• Cuando actúa en sentido contrario, en lugar de regañarle agriamente, la respuesta del adulto debería ser, por ejemplo: «Es una lástima, pensábamos que ya eras capaz de comportarte como un/a chico/a mayor» o «¡Con lo bien que lo hiciste ayer! ¿Cómo es que hoy no has sido capaz?».

◆

15. Transmitir las normas sociales de urbanidad

La urbanidad se rige por pautas que son útiles en cualquier situación, dentro y fuera de casa. Pensamos «Qué niño tan educado» cuando el pequeño o adolescente conoce las normas de convivencia que le integran con otros en un ámbito u otro. En este sentido, los «por favor-gracias» son los reyes de las normas sociales de urbanidad.

Ser cordiales, educados, elegantes en el trato..., saber estar, es lo que deseamos para nuestros niños. Quizá lo complicado no aparece al enseñar o al afianzar estas pautas sino en los momentos en que nos toca corregir una mala actuación. Cuando se presenta una actitud inadecuada, como, por ejemplo, que nuestro hijo salude de malas maneras al entrar en una tienda, nunca la corregiremos in situ. Esperaremos a que pase y, una vez tranquilos y fuera de contexto, incitaremos al niño a hacerlo mejor, porque creemos que puede y confiamos en él. Enumeraremos lo que gana y lo que pierde debido a un comportamiento poco social, para que asuma sus errores y pueda cambiar de conducta en la próxima visita a la tienda, siguiendo el ejemplo.

Tampoco debemos someter a los niños a saludar por obligación si son muy tímidos. Fuera de situación, también, les animaremos a entrenarse para corresponder a la amabilidad de alguien que les saluda, pero sin obligarles ni destacarlo en público.

Un truco sencillo y pedagógico que no suele fallar para enseñar urbanidad es comparar la actitud de nuestro hijo con la de un niño imaginario: el hijo de unos amigos que él no conoce y que es un desastre en este sentido. Tenemos informado a nuestro hijo de las torpezas de ese niño de ficción —que él cree real—, en contraste con sus avances, que reforzamos positivamente: «Qué bien lo haces»; «No te ha costado nada entenderlo y aplicarlo, ¿verdad? Sigamos así». Es un juego inofensivo, divertido y de superación personal, porque los niños reaccionan ante un patrón negativo que no resulta popular y del que quieren desmarcarse.

---

16. ¿Cómo les ayudamos a adaptarse a diferentes situaciones?

Antes de asimilar la capacidad de improvisación, <u>los niños precisan de periodos de transición y de preparación para cualquier cambio o actividad novedosa que nunca han vivido</u>. De los padres depende prevenir lo que puede ocurrir en cada situación, desde una excursión hasta una visita al dentista o a un restaurante. En una comida en un lugar público les avisaremos de que habrá más gente, de que no se puede gritar ni levantarse de la mesa, y de que nos servirán unas personas simpáticas a las que hay que hacer caso. Así, toda la familia se divertirá y disfrutará de la comida.

Cuando la «aventura» tiene lugar, es recomendable que usemos fórmulas recordatorio para que nuestro hijo sepa cómo debe comportarse: «¿Recuerdas lo que hemos hablado estos días antes de venir al restaurante?». Si no acierta a portarse bien, le advertiremos hasta dos veces de que nos iremos del restaurante, del cine o de donde estemos, y que nos perderemos esa diversión. Lo que interesa es que reconozca los inconvenientes de no adaptarse a las normas de sociabilidad, pero sin discursos ni mucho menos enfados. Si pierde el privilegio de divertirse, en la próxima oportunidad será más consciente de que debe adaptarse para pasarlo bien.

Por último, no podemos dejar de valorar la situación con el pequeño, ya más receptivo, cuando ya haya pasado. Destacar lo que ha hecho bien y felicitarle, recordarle lo que no y lo que ha perdido por ello, y planear una nueva aventura para todos.

Destacamos: Mi papá tiene una nueva novia

Si hay una novedad que debemos tratar con todo el ingenio y toda la preparación del mundo es el hecho de que los padres se separen y de que papá o mamá, o ambos, tengan una nueva pareja. No vale reunir a todos en casa y detallarle al niño cómo será su día a día con la persona que ha llegado a la vida del progenitor. Nuestro hijo lo considerará una amenaza, en su propio espacio y para la relación que mantiene tanto con su madre como con su padre, puesto que dudará de si la nueva pareja sustituye a uno de los dos y temerá que eso implique distanciarse de las personas a las que quiere. Le presentaremos a la nueva pareja en un sitio neutral, en el parque o en un restaurante, en un ambiente o actividad distendidos, y durante encuentros cortos. En la primera charla para hablarle de la nueva situación, es preciso que no se encuentre presente la nueva pareja.

Miguel, un adolescente entre dos aguas

Tras la violenta separación de sus padres, Miguel y Luis, dos hermanos de 14 y 16 años, respectivamente, fueron a vivir con la madre, mientras que el padre decidió instalarse en un pueblo de montaña.

La madre era una mujer trabajadora, muy eficaz e inteligente. Se hizo cargo de sus hijos hasta que el más pequeño, que era un esquiador brillante, le planteó irse a vivir con su padre, ya que creía que allí podría practicar más su deporte.

Al oír esto, la madre decidió acudir a mi consulta para que le aconsejase qué debía hacer. Tras nuestra charla, la madre regresó a casa y le dijo a su hijo que estaba de acuerdo: podía ir a vivir con su padre pero asumiendo todas las consecuencias; entre ellas, que su hermano mayor permanecería en Barcelona.

El hermano pequeño finalmente se fue a vivir con su padre. Una vez allí, se dio cuenta de que tenía que estudiar en una nueva escuela y que no disponía de tanto tiempo para esquiar como pensaba. Además, no contaba con que el padre tenía una nueva pareja y un bebé al que dirigía todas sus atenciones. De repente se sintió solo y abandonado. Ni esquiaba cada día, ni su forma de vivir era como en Barcelona. Cuando decidió volver, no se lo puso nada fácil a la madre: se comportaba de forma prepotente y déspota con ella.

Tras pasar Miguel por mi consulta, mi táctica fue ayudarle a que se diera cuenta de lo que había perdido. Cuando los adolescentes se encuentran en una etapa de crisis y no saben afrontar su futuro, de repente se dan cuenta de que han perdido referentes y, con ellos, seguridad. En el caso de Miguel, la seguridad se la aportaba su madre.

◆

17. Aprender a valorar las peculiaridades de nuestro hijo

A veces tenemos la impresión de que nuestros hijos no son educados o de que no admiten las normas que nos esforzamos en enseñarles. Con todo, repetimos que un mismo modelo educativo, por mucho que inclya una teoría y práctica similares, debe considerar la particularidad de cada niño.

Un hijo sociable y dicharachero, uno tímido, uno participativo, uno remolón pueden recibir idéntica educación, que manifestarán en función de sus caracteres propios. Ello no significa que no pongan en práctica las normas, sino que lo hacen según su personalidad. Desde luego, hay límites, pero resulta aconsejable no clasificar a nuestros hijos ni castigarlos, por ejemplo, por saludar de una manera u otra mientras lo hagan con respeto.

En cuanto a educación, buscaremos el equilibrio, un patrón específico para que todos los caracteres se expresen y sepan comportarse. <u>Hay que estar muy pendientes de no comparar a los hermanos si no es para felicitarles por lo que cada uno hace mejor y darles un lugar importante en casa por lo que cada uno aporta con sus capacidades</u>. Acabemos con lo de «Mira qué estudioso es tu hermano y en cambio tú...».

Teo y Álex, los gemelos imposibles

Por mi consulta pasaron dos gemelos adolescentes que tenían problemas de fracaso escolar. Para tratarlos como personas completas e independientes, los visitaba por separado, pero pronto me di cuenta de que se cambiaban para confundirme —le tocaba venir a uno y acudía el otro haciéndose pasar por su hermano—, un juego muy típico de los gemelos.

Al parecer también lo hacían en la escuela, donde los profesores nunca se enteraban de que se habían cambiado de clase.

Los padres estaban desesperados por las continuas gamberradas que perpetraban, más propias de Zipi y Zape que de unos chicos de 12 años. Solo querían provocar y pasarlo bien, y no había manera de que se centraran en sus labores escolares.

Una medida práctica que decidimos con la madre fue hacerles un corte de pelo totalmente diferente a cada uno, de modo que no pudieran seguir intercambiándose. También empezaron a vestirse diferente para resaltar aún más sus diferencias.

Luego recibieron ayuda individualizada para organizar sus tareas escolares y empezaron a mejorar. Por su parte, los padres regularon

un poco más sus propios horarios para que Teo y Álex vivieran en un
entorno más ordenado.

———————◆———————

18. ¿De qué forma mejoramos su autoestima?

Por autoestima, un concepto de rabiosa actualidad, entendemos
como el sentimiento subjetivo de valorar positivamente las cualidades de uno mismo, y podemos percibirlo por el buen desarrollo de
las capacidades inherentes a nuestro hijo. ¿Cuándo podemos sospe-
char que tiene baja autoestima? Cuando percibimos que se muestra
inseguro en sus decisiones, que no pone en marcha proyectos ni iniciativas, que busca el parecer y la ayuda de los demás, demanda la
presencia de un adulto para cualquier tema y no se atreve a experimentar ni se espabila solo.

La poca autoestima queda difuminada por conductas que pueden ser hasta agresivas, algo que nos da una pista de que el niño desconoce sus habilidades y cualidades porque tal vez no se las hayamos
destacado. La esencia, la personalidad se ocultan bajo actitudes de
defensa que responden, en general, a lo contrario de cómo se siente
nuestro hijo. Cuando no se quiere defender, ataca para desviar la
atención y no afrontar el problema que no sabe canalizar. No asume
responsabilidades porque no confía en poder hacerlo.

La mentira es el miedo a equivocarse, es el resultado de la falta de
autoestima. Y las excusas minan las rutinas diarias. <u>Mejoramos la
autoestima de nuestro hijo reconociendo, apreciando y haciéndole
valorar sus cualidades de forma realista.</u> Hay personas que tienen
muchas cualidades que no saben apreciar, mientras que hay otras que
valoran las pocas que tienen. Una buena autoestima no depende de
acumular talentos, sino de vivir a gusto con los talentos de cada uno.

Desde pequeños, es bonito que les alabemos su paciencia, su cuidado, su imaginación, su generosidad..., para que interioricen todo lo positivo de su personalidad. Deben ser conscientes de sus puntos más débiles, pero repetírselos esperando que trabajen para mejorarlos sin considerar sus partes buenas tiene un fin poco deseable: la baja autoestima. Expresiones como «Eres un desastre» evitan que nuestro hijo se autoafirme, por lo que puede acabar inhibiéndose o enfrentándose a todo por miedo. Es normal que un niño reaccione de forma desproporcionada ante un reto o una situación que no controla, pero si su actitud es siempre exagerada debemos desconfiar, pues es un indicio de que no es feliz.

Los amigos, al igual que los padres, son esenciales para que el niño defina sus capacidades físicas, intelectuales, sentimentales y sociales. En el colegio, el papel de los profesores deviene fundamental también para mantener a flote la autoestima. En la actualidad, muchos métodos de enseñanza se basan en señalar los fallos y no los aciertos. Quizá el bolígrafo rojo no debería estar tan presente, y la motivación debería tomar el relevo de tanta corrección en negativo.

David, el rey del optimismo

David es un niño que va en silla de ruedas porque sus piernas no le responden: son absolutamente flexibles, sin fuerza muscular. Tiene una gran simpatía natural. Siempre había querido jugar al fútbol, cosa que a priori parecía imposible.

Ante este impedimento, los demás niños buscaron todo tipo de estrategias para que pudiera hacerlo: desde empujar ellos su silla, hasta reducir el espacio de la portería para que pudiera hacer de portero. David no necesitó soluciones terapéuticas porque supo potenciar su máxima virtud, la simpatía, para aumentar su autoestima y ganarse el cariño y el respeto de sus compañeros. De esta manera consiguió ser muy popular en la clase a pesar de sus limitaciones.

Silvia es de Nepal

A Silvia la adoptaron cuando era muy pequeña. Es una niña que ha sufrido acoso escolar, lo que se conoce como *bullying*. A partir de estas experiencias, la pequeña ha interiorizado un sentimiento de rechazo en los demás por su color de piel.

Es una niña brillante, guapa y habladora, que acapara mucho la atención. Y es precisamente por estas virtudes que el resto de las niñas la excluyen. Sus padres siempre han buscado ayuda cuando han notado algo raro en su comportamiento. A menudo han venido a mi consulta.

Silvia es muy querida por su nueva familia y hasta ahora nunca ha hablado de recuperar sus orígenes. Algún día quiere ir a Nepal, pero cuando se le pregunta si quiere conocer a sus padres biológicos, dice que no porque cree que los adoptivos son fantásticos. Por lo tanto, en este caso no hubo que buscar soluciones, solo supervisar su adaptación a la escuela.

Cuando los niños adoptivos solicitan conocer a sus verdaderos padres, se les debe facilitar el encuentro. Estadísticamente está demostrado que los niños adoptados quieren conocer a sus padres naturales, pero cuando los conocen no quieren regresar con ellos. Aunque no se trate de un abandono, el pequeño considera que los padres biológicos no han cuidado de él. No son capaces de comprender otras razones de índole más compleja, como, por ejemplo, la falta de recursos económicos, o que la madre no se sintiera preparada psicológicamente para ejercer como tal.

19. Dar herramientas para que sepa
reflexionar por sí mismo

Tras cada acción, reacción y consecuencias que experimenta nuestro pequeño, tenemos que propiciar un momento de análisis. Un espacio de comunicación en el que exprese cómo se ha sentido, si lo repetiría y cómo lo haría, o si ha sufrido con lo que ha sucedido. Se trata, en definitiva, de que nuestro hijo aprenda a dilucidar por sí mismo lo que le conviene y lo que no. Un ejercicio con el que comenzará a experimentar el valor del autocontrol, que no es otra cosa que la capacidad de dirigir la propia conducta en el sentido deseado. La falta de este valor puede desencadenar psicopatologías que dificultarán la vida en sociedad de los niños y niñas cuando lleguen a la edad adulta.

Los pequeños aprenden a gestionar su tiempo y sus propios impulsos principalmente a través de los padres. Por esta razón es muy importante que los mayores den ejemplo con unos buenos hábitos y una comunicación eficaz. Los niños de 0 a 6 años no tienen desarrollado el autocontrol, actúan según sus deseos inmediatos. Por esta razón es importante establecer unas rutinas y pautas diarias: horas fijas para la comida, los juegos, el aseo, el baño, etc. Revisaremos estas pautas en los siguientes bloques de preguntas de este libro. Y es que el orden es primordial para el buen desarrollo de nuestros pequeños y adolescentes.

De ahí que transmitir <u>el autocontrol es indispensable en la educación de los hijos</u>. Deben aprender a priorizar y a cumplir las tareas cuando corresponda, por encima de alternativas más tentadoras. Este valor puede enseñarse a través de métodos que incluyen la fijación de objetivos, los ejemplos prácticos, el refuerzo positivo y la supervisión.

Pero si hay un aspecto que interesa fijar es el autocontrol en relación a la prudencia y a la temeridad. Los pequeños tienen tantas ganas de vivir sensaciones divertidas que a menudo son incapaces de prever las consecuencias de sus actos. Hay niños más temerarios que otros y esto suele explicarse por la actitud que muestran sus padres.

Los niños que constantemente se sienten vigilados, aquellos que todo el día oyen advertencias como: «¡Cuidado que tropezarás!» o «¡Atento que te vas a dar un golpe!», cuando notan que el padre o la madre no les prestan atención, o simplemente cuando los mayores no están presentes, piensan «¡Esta es la mía!» y suelen cometer más temeridades que otros niños.

En el otro extremo tenemos a los niños de naturaleza temerosa, que no se arriesgan a hacer cosas porque son inseguros o sienten que no son suficientemente ágiles. En estos casos, hay que animarles a superar este exceso de prudencia. No es malo que de vez en cuando los niños se peguen un tortazo, pues la propia experiencia evitará que se den otros. Es una forma de aprendizaje.

Junto al análisis de las consecuencias de lo que emprendemos, debemos impulsar el de las propias emociones: saber mirarse para entender el porqué de la tristeza y de la satisfacción. Con esta valoración, a partir de los 4 o 5 años, y a través de cuentos o de juegos, contribuimos a desarrollar la inteligencia emocional del niño, a que sepa expresar correctamente sus sentimientos y dudas, y también sus alegrías. A partir de los 6 o 7 años se inicia la etapa del raciocinio y de la abstracción, que retienen y gestionan poco a poco sus estados de ánimo. Esto es muy positivo para que como adultos no caigan en bucles de angustia o de excesiva euforia.

La «valentía» de Albert y Esther

El siguiente caso me parece ilustrativo para transmitir el valor de la prudencia. Albert y su hermana Esther eran unos niños muy aventureros y valientes que no se amedrentaban ante nada. Acostumbrados a jugar solos en la calle, siempre volvían a casa con magulladuras y heridas de todo tipo. En casa, su madre sufría mucho cuando los veía jugar en el balcón.

Un día se le ocurrió la manera de que los pequeños no se asomaran tanto a la barandilla y comprendieran el riesgo que conllevaba actuar de manera temeraria. Rosa, la madre de Albert y Esther, compró dos tomates muy maduros. Luego tomó a los niños de la mano, los llevó al balcón y desde allí lanzó los dos tomates al vacío. Cuando aterrizaron en el suelo quedaron aplastados y desparramados, causando un efecto espantoso, pues el rojo de la pulpa parecía sangre.

La madre explicó a los niños que aquellos tomates podrían ser ellos. Desde entonces nunca más se asomaron a la barandilla y actuaron con más prudencia.

◆

20. ¿Cómo le ayudamos a reconocer un fracaso?

Dicen que de los fracasos se aprende, y nada más cercano a la verdad. Identificamos como fracaso aquella sensación de incumplimiento de una expectativa después de haber dedicado un esfuerzo a esa meta en especial. Nuestro niño o adolescente clasifica ese fracaso en su lista de frustraciones y, en el caso de que se sienta incapaz de remontarlo, este ataca a su autoestima; por el contrario, si lo asume como un reto, puede convertirse en un acicate para superarse a sí mismo.

Los niños adoran, en general, los retos. Por ello, debemos aprovechar la ocasión para estimularles a que se esfuercen, siempre con el sentido del humor y el afecto como banderas. Tras positivizar el fracaso —por ejemplo, suspender un examen—, podemos emplear fórmulas como «Bueno, esta vez te has colado, pero, como tienes algún as en la manga, seguro que a la próxima oportunidad les dejas con la boca abierta», siempre sin presiones, animándole a que interiorice la necesidad de superarse apartando el miedo y la inseguridad. De hecho, tiene que saber que, siempre que fracase, estaremos ahí para apoyarle y empujarle a intentarlo otra vez. Las broncas y amenazas solo conseguirán hundirle más.

El esfuerzo, el reto, exigen paciencia. Se dice que la paciencia es la madre de la ciencia, y podríamos añadir que también es la madre de la conciencia. Es necesario saber esperar para adquirir una visión equilibrada y profunda de las cosas.

En un mundo tan acelerado como el nuestro, a veces se nos hace difícil disfrutar del presente. Solo con paciencia es posible apreciar los instantes que nos ofrece el día a día y —lo más importante para los niños— aprender de ellos.

Esta es una virtud que se puede desarrollar y que permite ver con claridad el origen de los problemas y sus posibles soluciones. Las personas pacientes son más tranquilas y optimistas que el resto, por eso es importante transmitir este valor a los niños. De esta manera serán capaces de enfrentarse a las frustraciones o fracasos de la vida de forma más serena.

Luis, un ejemplo de superación

Luis tiene hoy 18 años, pero desde niño ha ido perdiendo vista hasta quedarse ciego a causa de una enfermedad degenerativa. Se ha escolarizado en la ONCE y, pese a que siempre ha sido consciente de su situación, es capaz de bromear al respecto. Hace enormes esfuerzos para sobreponerse a lo que para cualquier otra persona sería un drama.

De momento no quiere llevar bastón ni perro lazarillo porque quiere ser como el resto de las personas, lo cual sin duda supone un riesgo para su integridad, ya que su capacidad de visión es muy reducida. Esquía con la ONCE, juega al fútbol en la modalidad para ciegos,

va a conciertos de rock, sale por la noche y regresa de madrugada, lo
cual provoca lógicamente el sufrimiento de sus padres.

Desde siempre Luis se ha esforzado en llevar a cabo una vida lo
más aproximada posible a la normalidad. Siempre dice que no se
quiere rendir.

En este caso no tuvimos que buscar soluciones —solo necesitaba
un seguimiento y consejo sobre algunas dudas propias de la adolescencia—; anímicamente es una persona extraordinaria, pero he querido mencionarlo como ejemplo de esfuerzo y superación.

---

21. Que sepan pedir ayuda en momentos difíciles

De entrada, son más los padres que ayudan en exceso, que sobreprotegen a sus hijos, con la intención de preservarlos de cualquier angustia en sus tareas o responsabilidades. Estos niños, pese a que no
se toparán con dificultades, ya que estas desaparecen de su camino
por obra y gracia de sus padres, tampoco están necesariamente acostumbrados a pedir ningún tipo de ayuda. Es más, resulta probable
que la den por supuesta o que la necesiten siempre. Y esto no debe
alegrarnos.

Otros niños, de carácter más introvertido o independiente, suelen guisárselo y comérselo todo solos, y cuando aparece un problema, pueden quedarse bloqueados y no acertar a pedir que les
echemos una mano. Es posible que ni siquiera se les pase por la ca-
beza.

De nuevo, si nos comunicamos bien con nuestros hijos desde
que son pequeños, y sabemos detectar cuando están tristes, enfadados o retraídos, podremos intervenir y ayudarles. Un niño sobrecar-
gado de deberes, y que ha aceptado la idea de los padres de que «los

deberes tienes que hacerlos tú solo», quizá se calla porque cree que lo tacharán de vago. Y lo mismo puede pasar cuando ha tenido un malentendido con sus amigos. O en una situación tan complicada como el acoso escolar.

Los padres debemos lanzar un mensaje muy claro de que él es autónomo y de que eso es positivo, pero que en momentos importantes y puntuales los adultos le respaldarán y aconsejarán en todo lo que necesite. Los padres deben ser intermitentes, es decir, saber estar presentes y saber soltar la mano del pequeño para que aprenda de todas las experiencias.

Marcos tiene fobia escolar

Desde hace un tiempo, Marcos se niega a ir al instituto. Está profundamente deprimido y se ha encerrado en sí mismo. Su madre está siempre muy ocupada con la organización de la casa y de sus hijos; el mayor, el hermano que manda en casa y que tiene dos años más que Marcos, es un chico brillante. Marcos cree que su mediocridad no tiene remedio, pero no sabe cómo expresar sus miedos, más en un colegio donde la exigencia es muy alta. Ha conseguido hablar con su madre para salir de la situación, pero ella no entiende qué sucede, así que ha optado por venir a la consulta para trabajar todos juntos en el bloqueo. Queremos diferenciar el hecho concreto que ha disparado la fobia y que madre e hijo refuercen su comunicación. Solo determinando la causa del bloqueo podremos trabajar las directrices para eliminarlo y conseguir que Marcos tenga las herramientas necesarias para afrontar cualquier situación que le produzca ansiedad.

22. ¿Cómo le orientamos para que sea generoso con los demás?

Somos millones de personas viviendo en un mundo con espacio y recursos limitados, por eso estamos obligados a compartir. Dado que el bienestar de los niños depende —entre otras cosas— de su generosidad hacia los demás, este es un valor que debemos transmitirles desde pequeños. En este punto, <u>no solo nos referimos a la generosidad material, sino a compartir sus valores como personas: su optimismo, sus talentos</u>.

No se trata de hacerlos esclavos de los otros ni de que se sientan en deuda con sus compañeros, sino de enseñarles a valorar lo que tienen y a disfrutar de la satisfacción de compartirlo con los demás. Al mismo tiempo, debemos enseñarles a respetar lo que no es suyo y a no desear todo lo que se pone delante de sus ojos.

Como con el resto de los valores, la educación debe empezar en casa. Si son varios hermanos, desde muy pequeños deben aprender a compartir los juguetes y los juegos, pero también las responsabilidades. Asimismo, debemos educarles en la generosidad hacia los padres, a no exigir constantemente y a respetar su tiempo. A muchos niños les cuesta aceptar que lo suyo esté en manos de otros, o que tengan que poner algo de su parte para el bienestar de los demás. En algunas familias con dos hermanos que se llevan pocos años, se celebra el cumpleaños de uno y —error— se le hace un regalo también al niño que no cumple por miedo a que sufra. Lo recomendable es regalar solo al cumpleañero y alentarle a que comparta el regalo con su hermano.

Los niños consumistas pueden respetar las cosas de los demás, pero presionan a los padres para que les proporcionen cualquier juguete que tenga otro niño o que vean en un escaparate. De unos progenitores que gastan su dinero en el último modelo de televisor, en un coche de gama alta o en ropa de marca no se puede esperar unos hijos austeros.

Si se inunda a los pequeños de regalos —normalmente para compensar la poca atención que se les dedica—, se acostumbran a tenerlo todo y dejan de otorgarles valor a las cosas. Es tarea de los padres enseñarles que hay unos límites: «En Navidad vas a recibir dos regalos; para tu cumpleaños, dos más...», de modo que entiendan que se trata de una situación extraordinaria, no de un gasto que pueden exigir a diario. Se trata de transmitirles un modelo familiar sano de relación con el dinero y lo que este puede comprar.

Una forma muy educativa de transmitir a los niños el valor de la generosidad es ponerlos en contacto con los más desfavorecidos, haciéndoles participar en una fiesta de una ONG o en una campaña de recogida de juguetes para familias que no se los pueden permitir. Es importante que entiendan que hay otro mundo aparte del suyo y que su ayuda es importante.

---

23. ¿Qué es saber compartir y convivir?

Aunque la manifestación de los celos no es agradable ni está bien vista, es un sentimiento básico y necesario para la salud emocional. En la infancia es un sentimiento muy común entre hermanos, sobre todo cuando el que hasta entonces ha sido hijo único se encuentra con un hermanito. La reacción normal, en prácticamente todos los casos, es que el mayor considere que el recién llegado recibe más atenciones y regalos que él, lo que se traduce en ataques de celos que pueden ser explosivos.

En nuestra mano queda respetar las particularidades de cada niño, como ya hemos explicado en la respuesta a la pregunta 17. Si es posible, cada hermano debe contar con un espacio personal, sea su habitación o su rincón de juegos, decorado a su gusto y como reflejo de su personalidad. Pero también es absolutamente necesario crear espacios comunes, puesto que son los lugares y/o actividades que nos sirven para enseñar el valor de la convivencia y del compartir. Ahí situamos los turnos para usar el ordenador, una pequeña biblioteca o la zona de recreo frente al televisor o la videoconsola, por ejemplo.

Descartamos que cada niño tenga su propio televisor o aparato de videojuegos, o sus propios cubiertos o platos. Esta norma funciona empezando por los padres, claro, que para mostrar que todo es de todos tienen que rechazar la idea de un sillón exclusivo, por poner un ejemplo.

Fuera de casa, si queremos que nuestros hijos crezcan con autoestima y destreza comunicativa, también debemos promover desde pequeños que hagan amigos y se relacionen con todo tipo de personas. Hay que enseñarles que una amistad es un tesoro, por lo que deben cultivarla. Por lo tanto, tienen que aprender a cuidar de sus amigos.

Una manera de potenciar el valor de la sociabilidad es organizar fiestas y encuentros en casa tanto para hacer deberes como para ver una película juntos. El roce hace la amistad, y teniendo muchas amistades es como se construye la sociabilidad.

La amistad es esencial para el cultivo de la empatía. Si observamos que nuestro hijo tiene pocos amigos, podemos potenciar su entorno organizando salidas o bien llevando al pequeño a alguna actividad lúdica.

❖

24. ¿Cómo enseñar a ceder tiempo y espacio a cada uno dentro de la familia?

Al igual que un adulto —quien ha aprendido el hábito desde pequeño—, un niño desarrolla su rol en casa partiendo de la construcción de un espacio personal concreto, desde un rincón de juegos o su ratito tumbado en el sofá leyendo. Algunos padres se quejan de que su hijo pase demasiado tiempo en su habitación, y es obvio que si está encerrado durante todo el día es para preocuparse, pero también deben considerar que el cuarto que su hijo ha decorado a su manera y donde guarda sus cosas más preciadas es el lugar donde amplía su mundo interior.

De ahí que sea tan positivo dar pie a que el niño componga su espacio y que no nos empeñemos en decorarlo solo a nuestro antojo. Los pósters, los coches, los peluches... reflejan la personalidad de nuestro hijo. Si hablamos de padres separados, y el niño tiene dos habitaciones, una en casa de cada progenitor, le invitaremos a que las haga suyas, a que colabore en la decoración. Es la manera de que se sienta más integrado.

Por descontado, en ese espacio pasará un tiempo determinado, y el resto deberá dedicarlo a la convivencia en familia. No permitiremos que nuestro hijo adolescente eche el pestillo y desaparezca de la rutina diaria familiar. Es muy importante que si hay que discutir estas normas dentro de casa, nunca se haga en la habitación del niño, sino en el espacio común y con argumentos para hacerle entender que el tiempo en familia resulta esencial para todos. Ofreceremos comunicación, no regañinas: plantearemos una charla sin televisión mientras comemos, un juego o hacer planes para el fin de semana con la opinión de todos.

Debemos tener en cuenta que los adolescentes están aprendiendo a vivir su individualidad, y que en su habitación reflexionan sobre ellos mismos y sus amigos, o incluso tienen sus primeras experiencias con la masturbación. Tenemos que respetarlo.

PARA RECORDAR...

Educar es:

- Enseñar a distinguir las capacidades, las limitaciones, las virtudes y los defectos. Aprender a vivir, a crecer, a adaptarse y a evolucionar con ellos.
- No aislar a nuestro hijo del dolor ni de todo lo negativo, sino exponerle con cuidado tanto a lo bueno como a lo malo para que pueda aprender.
- Darle libertad para experimentar, pero mantenernos a su lado para conducirle y poner límites.
- Tomar decisiones cada día en función de los valores y del sentido común que a su vez nos transmitieron en familia.
- No compensar a nuestro hijo por lo que nosotros no tuvimos. No crearle necesidades que no tiene.
- Pensar en que tenga un futuro mejor.

HABILIDADES EMOCIONALES Y SOCIALES FUNDAMENTALES

- Sociabilidad, capacidad para comunicar, dialogar, saber escuchar.
- Solidaridad, distinguir lo que conviene de lo que no, amabilidad.
- Ser reflexivo, respetuoso e íntegro.
- Amistad, sinceridad, generosidad, sencillez, bondad, compromiso, humildad, optimismo, afectividad, lealtad, pedir perdón, saber agradecer y tener paciencia.
- Esfuerzo, obediencia, autocontrol, superación, autodisciplina, adaptabilidad, responsabilidad y dignidad.

Sobre responsabilidades: cargos, iniciativa, orden, implicación familiar, atención...

Tanto si nos referimos a los hábitos como si reflexionamos sobre cómo traspasar el sentido de la responsabilidad a niños y adolescentes, debemos asumir que nuestra mayor responsabilidad es, justamente, saber transmitir los conceptos. El mensaje, lo que queremos que aprendan, tiene que resultarles directo y claro, sin fisuras ni cambios cada vez que lo pongamos en práctica.

Una vez más diremos que somos sus modelos, y que hacerles ver cómo asumimos nuestras responsabilidades les servirá, desde muy pequeños, a aceptar las que les vayamos otorgando, en casa y en el colegio.

Desde los 2 años, podemos enseñarles de manera progresiva, según sus habilidades. Dentro de estas responsabilidades hay que señalar: ordenar su habitación y sus juegos, su higiene (lavarse los dientes o asearse y dejar las cosas en su sitio al acabar), participar en las tareas de la casa (poner la mesa, llevar los platos a la cocina o fregarlos...) y cumplir con las comidas.

A partir de los 10-11 años, también podemos hacerlos responsables del cuidado, elección y orden de su ropa, un tema que a veces conlleva situaciones polémicas. Por ejemplo, cuando un niño o una niña elige una camiseta de tirantes en pleno invierno o un pantalón de lana cuando hace calor. Si se da el caso, podemos dividir el armario en zona de invierno y zona de verano, e indicar cuál es la parte de la que puede escoger. O, en las ocasiones en las que el niño siempre quiere ponerse lo mismo, nos corresponde aclararle que la ropa debe lavarse y que, lejos de que deba vestirse como le digamos, puede elegir entre dos posibilidades que le ofrezcamos. Siempre que el niño sea flexible.

De hecho, es importante que pueda elegir entre diferentes estilos de vestir, e identificarse con el que prefiera.

En este bloque es necesario observar los modelos de responsabilidad en cada núcleo familiar. En algunas casas, la madre se encarga de todo, y es frecuente que su hijo pregunte por qué el padre no colabora. Si ese padre es el único que trabaja fuera de casa, le explicaremos al niño que ejerce sus responsabilidades paternas fuera del hogar, pero que las tiene. Si la pareja trabaja fuera de casa, es fundamental que en el hogar su hijo vea que se reparten las funciones. No se trata de que el padre ayude en casa, sino de que tenga responsabilidades en la familia, como todos sus integrantes, incluidos los hijos. Cambiar roles de género en adultos es muy complicado, pero podemos enseñarles a nuestros hijos a tener los suyos, para que en el futuro puedan aplicarlos y disfrutarlos como adultos integrados. De esa manera, tendrán la suerte de saber hacer todas las tareas de la casa, sean chicos o chicas.

En conclusión, seamos sus modelos, demos ejemplo y exijamos con moderación, sin abrumar al niño, cuya responsabilidad de hacerse mayor ya es un reto en sí mismo. Dejemos que aprendan y automaticen los mensajes, para que un día sean responsables de manera espontánea.

25. ¿Qué pautas podemos seguir para que asuman cargos en casa?

Cuando les toca hacer algo, <u>cuando queremos asignar tareas a cada niño, que pueden ser propias o compartidas con sus hermanos en un sistema rotatorio (un día uno pone la mesa y el otro saca la basura, o pasea al perro, para al día siguiente intercambiarse las tareas), siempre debemos considerar el factor edad.</u> Es evidente que a un niño de 2 años no podemos pedirle que se encargue de nada más que lo que tenga que ver directamente con él mismo. De los 0 a los 2 años, un niño aprende más del doble de lo que aprende entre los 2 y los 5 y, de nuevo, el doble de lo que asimila entre los 5 y los 12, por ejemplo. Este aprendizaje es estresante y requiere un esfuerzo que no tenemos que poner al límite con exigencias fuera de lugar. Crecer es complejo, ya lo sabemos.

A nuestro bebé de 2 años podemos plantearle una sola responsabilidad diaria, como, por ejemplo, recoger sus juguetes. Por supuesto, lo mejor es la vía lúdica: ordenar cantando una canción asociada a este momento, como un pequeño ritual divertido.

A medida que vayan creciendo, sumaremos pequeñas responsabilidades a las que ya tienen. De ordenar sus juguetes, a llevar su plato a la cocina o a saber reciclar lo que quieren tirar a la basura, una actividad que, además de educativa, aprenden muy rápido.

¿Y qué ocurre cuando ya no podemos transmitir responsabilidades solo jugando, cuando nuestro hijo preadolescente o adolescente se niega en rotundo a colaborar? Hablaremos con más detalle de ello en las próximas respuestas (ver la número 28), pero la clave de todo es la costumbre. Si no le hemos enseñado desde muy pequeño, no existe responsabilidad espontánea y habrá que reconducir la situación. Así, tras recoger y doblar la ropa, desde los 5 años un niño puede colocarla en la parte del armario que le hemos asignado para él... Siempre que en casa cada uno lo haga. Porque lo que está claro es que no podemos exigir lo que no cumplimos como adultos. Quizá sea un buen momento para reeducar los hábitos de todos los miembros de la familia, por qué no.

---

26. ¿Cuáles son las responsabilidades más adecuadas para cada edad?

Como hemos visto en la respuesta previa, las responsabilidades que podemos otorgarles van creciendo al mismo tiempo que nuestros hijos, cumpleaños tras cumpleaños.

La línea cronológica de estas responsabilidades sería:

1. Cuidado y orden de sus juguetes... Hasta los 2 años.
2. Costumbres y reglas relacionadas con las comidas... 2-4 años.
3. Actividades referidas al aseo personal... A partir de los 4 años.
4. Gestión de su ropa... A partir de los 6 años.
5. Cuidado del material escolar, así como orden y limpieza de su habitación... A partir de los 7-8 años (10-11 para la habitación).
6. En la adolescencia tienen que colaborar junto con toda la familia en las tareas de la casa en general: orden, organización y limpieza... A partir de los 12 años.

Este plan es aproximado e incluye los mínimos que debería alcanzar nuestro hijo. Cierto es que algunos pequeños asumen tareas difíciles desde muy temprana edad porque simplemente se les dan bien, y no pasa nada. Lo que no debemos permitir es que, teniendo la capacidad, dejen de asumir responsabilidades porque les ayudamos demasiado. Por sobreprotección. Esto, más allá de ser una ayuda, es una traba para su desarrollo y sus habilidades. El «Deja, ya te lo hago yo que voy más rápido» es perjudicial en ese sentido.

---

27. Si no queremos repetir mil veces lo que tienen que hacer

La repetición es tal vez el vicio más extendido entre padres y educadores en general. Y es también la fórmula educativa más fallida: está demostrado que cuanto más insistimos, menos se cumplen las responsabilidades. El niño puede percibir una falta de confianza y no se siente motivado a asumir la tarea. Por eso, es bueno dar por sentado que el niño hará lo que le pedimos con fórmulas como: «Supongo que has sacado la basura...», «Imagino que te has hecho la cama...», «Seguro que te has cepillado los dientes, ¿verdad?». Empleemos la crítica positiva y no el reproche. Le diremos «Se te debe de haber olvidado, porque sueles hacerlo bien», en vez de «Desde luego, siempre se te queda esto por hacer».

De esta forma, fomentamos la iniciativa para llevar a cabo sus responsabilidades sin que se sientan siempre mangoneados, obligados.

Otra excelente manera de transmitir nuestro mensaje es adaptarnos a un lenguaje más inmediato, el de los dibujos o pequeños carteles que recuerden la tarea o lista de tareas. Para que siempre llame su atención, apenas lo dejaremos una o dos semanas pegado en la pared, y lo iremos variando. Una guía de responsabilidades que esté colgada durante meses se convierte en parte invisible del mobiliario.

Además, el hecho de cambiarlo da a entender a nuestro hijo que ha superado la prueba y que puede estar orgulloso de ello.

Un ejemplo de cartel divertido sería la figura troquelada del capitán Haddock sujetando un bocadillo de cómic en el que incita a los niños a completar su tarea al grito de «¡Rayos y truenos!».

◆

28. ¿Cómo reconducir la situación si se niegan a colaborar?

¿Qué es lo primero que pensamos cuando nuestro hijo desobedece? ¿Qué hacemos si se salta a la torera sus obligaciones? La mayoría dirán que castigarle, pero aquí apostamos por otra táctica más productiva y positiva: quitarle privilegios. En tanto que no cumpla con su parte, no obtendrá sus pequeños placeres y recompensas: jugar un rato, ver un programa de televisión, comerse un helado...

Le comunicaremos este ajuste de conducta con una actitud de decepción. Ni enfado ni agresividad ni disgusto. Decepción: «Vaya, con lo bien que íbamos y ahora tenemos que volver a empezar, cuando creíamos que esto te salía muy bien». Y, dejando de lado el condicional negativo («Si no haces x, no podrás...»), nos concentramos en el condicional positivo («Si haces x, podrás...»). Es una especie de «chantaje» emocional benévolo. El límite de este «chantaje» en positivo se sitúa en que el niño lo use a su favor y nos quiera manipular. Por ello debemos marcar bien nuestra posición y demandar con moderación, para evitar un efecto boomerang. Nuestra firmeza es muy importante, aunque no tenga que ver necesariamente con la represión o el castigo, sino con la restricción amable, dirigida a dar confianza y seguridad a nuestros hijos. El modelo que ofrecemos tiene que ayudarles a ganar valores y capacidades.

En esa línea, cuando estemos realmente enfadados y solo podamos transmitir negatividad, es básico que nos retiremos hasta que nos sintamos más calmados y conciliadores. Nuestro objetivo es que el niño comprenda que se ha equivocado y que confiamos en que puede hacerlo mucho mejor porque tenemos altas expectativas, realistas, puestas en él. Como sabemos que puede cumplir con sus obligaciones y no quiere, le demostraremos que está en sus manos superarse y recuperar sus pequeños privilegios.

Le quitamos ese juguete, alimento o actividad durante un breve lapsus de tiempo, para poder cumplir con el castigo, puesto que seremos incapaces de mantenerlo durante un mes, por ejemplo. Solo así será efectivo. Ah, y si alguna vez se nos escapa un grito, no suframos. Somos humanos. Eso sí, a posteriori le explicaremos que gritar no está bien y que lo hemos hecho por decepción.

Muchos padres afirman que no pueden controlarse y que pegan al niño en situaciones de mucha tensión. No tenemos que llegar a ese extremo: una bofetada es imposible de justificar y es un mal ejemplo de comportamiento. Es más recomendable estirar las piernas, ir a otra habitación o darse una ducha hasta que los ánimos se calmen.

---

29. ¿Cómo podemos fomentar la iniciativa en las responsabilidades?

De entrada, debemos dar por hecho que a lo largo del día se suceden imprevistos, en los que podemos involucrar a nuestros hijos pidiéndoles que colaboren para solventarlos. Fomentamos así iniciativas creativas vinculadas con el cumplimiento de las responsabilidades, además de potenciar su reacción positiva y la adaptación a todo tipo de eventos y situaciones.

Un ejemplo que podemos poner en práctica es sugerirles que nos ayuden a guardar la compra con frases como «No recuerdo dónde colocábamos la pasta de dientes. ¿Tú sabes dónde era? ¿Sí? Pues venga, hazlo tú, por favor». Con sentido del humor, incluso lo pasaremos bien instaurando estas acciones sencillas.

◆

30. Ser justos al repartir las responsabilidades entre hermanos

Por lo general, solemos referirnos a las quejas de los padres, pero los niños tampoco lo tienen fácil y se lamentan también de situaciones que encuentran injustas. El reparto de responsabilidades entre los hermanos es una constante en estas quejas, tanto por parte de los más pequeños como de los adolescentes. El «siempre me las cargo yo» es un tópico que todos hemos dicho y oído.

Pues bien, hay que alcanzar el equilibrio. Los niños pueden tener la percepción de que ellos hacen mucho, mientras su hermano o sus hermanos, quizá más discretos en sus tareas, parecen no dar un palo al agua. Lo más lógico es averiguar si esas percepciones son ciertas; para ello preguntaremos a cada niño qué hace y qué cree que hacen los demás. La comunicación pone las ideas en su lugar.

Si en verdad alguno se esfuerza más que el resto, lo halagaremos y le señalaremos que es una manera de madurar y de estar más y mejor preparado para los retos de la vida. Si puede y quiere hacerlo, le apoyamos.

También es muy recomendable hacer turnos rotatorios de las tareas, para que todos las aprendan y convivan con las mismas obligaciones. En esta coyuntura, procuraremos no criticar ni comparar nunca cómo las cumple cada niño. El refuerzo positivo es nuestro mejor aliado para estimularles y enseñar.

Mariana, la niña perfecta de padres anarquicos

En casa de unos padres dedicados al mundo del espectáculo, que están constantemente de viaje por compromisos profesionales y donde no existen las rutinas de orden, comidas u organización de actividades, Mariana no está contenta. Estudia bachillerato y es brillante, una consumada lectora, cuadriculada en su orden y completamente autónoma. Ante el caos de sus padres, Mariana es perfecta. Es decir, no soporta la improvisación. Es tan rígida y tan estricta que su propia responsabilidad la sobrepasa. Es una extraña consecuencia de que los padres no hayan sabido ejercer y transmitir los límites de la responsabilidad.

Con Mariana intentamos entender cuáles son las obligaciones reales que le corresponden por su edad. La invito a observar y hacer las cosas desde una perspectiva más lúdica, y a relativizar. Se toma todo demasiado a pecho y es demasiado autoexigente; debe encontrar su lugar y dejar de cargarse con responsabilidades que no le corresponden.

◆

31. ¿Qué hacemos para mejorar la implicación familiar y la solidaridad?

La convivencia implica hacer cosas para nosotros mismos y también para los demás, y esta es la idea que nuestros hijos deben interiorizar para una mejor relación entre todos los miembros de la familia. Los celos y la competitividad entre padres, hijos y hermanos son los grandes enemigos de la armonía familiar. No debemos competir para saber quién es la mejor madre o el mejor hijo, sino que tenemos que ser conscientes de que cada uno aporta su granito de arena para que el gran engranaje funcione; lo que cada uno sabe hacer no solo hace feliz a los demás, sino que es motivo de satisfacción para uno mismo. Hablamos de solidaridad.

En casa, debemos eliminar el espíritu de la competitividad, aunque no por ello dejamos de enseñarlo, pues fuera de casa es un valor necesario. Cuando el niño sabe que puede suplir las carencias de su hermano, por ejemplo, y pone de su parte, está ayudando al otro niño y también contribuyendo a que las responsabilidades caseras queden perfectamente cubiertas. Como si se tratase de una cadena de producción, todos tenemos que encontrar nuestro lugar y encargarnos de lo que nos gusta y se nos da mejor. Debemos complementarnos.

———◆———

32. Cómo enseñamos a tener en cuenta a cada uno de la familia

La carga genética de cada persona la hace única, pero el bagaje de lo aprendido le confiere también unas características y una personalidad definida. No por ser un niño movido o un niño reflexivo podemos calificar a nuestro hijo de bueno o malo. Todos los niños tienen su valía, y nos compete a nosotros sacarle partido para que aprovechen su potencial al máximo.

Quizá el niño movido puede resultar más activo, más creativo y con más iniciativa; por su parte, el niño tranquilo, reflexivo, puede no involucrarse en actividades. Solo es un ejemplo que nos sirve para desdramatizar la idea de que los niños nerviosos son más torpes y descuidados. Olvidemos los estereotipos y conozcamos todas las posibilidades de nuestros hijos. Cada niño es igual de bueno.

A partir de la personalidad de cada cual, asignaremos las tareas. El niño nervioso aceptará peor las tareas de cuidado y orden, así que pidámosle actividades más energéticas. Es obvio que aprenderá el modelo, pero, si podemos repartir los trabajos en función de la habilidad de cada cual, ganaremos en satisfacción, padres e hijos.

◆

33. Claves para que adquiera una actitud responsable

Nuestros niños deben tener muy claro qué supone ser responsables. El hecho de que sean conscientes de que cada día se hacen cargo de sus obligaciones, de ordenar y organizar, les garantiza la satisfacción de saber que maduran y que son útiles. Que lo hacen bien. Un niño responsable es un niño que es consciente de su aprendizaje. ¿Cómo? Mediante el refuerzo positivo por parte de los padres.

Si con anterioridad hemos tratado el tema del castigo como la retirada de privilegios, ahora queremos repasar e incidir en los premios al buen comportamiento y al aprendizaje en positivo. Frente a los continuos (o no) obsequios materiales o las visitas semanales a la cadena de *fast food*, es mejor que pensemos en actividades conjuntas que generen momentos especiales para compartir, como:

- Ver una película en familia, como una auténtica sesión de cine con palomitas, cacahuetes y risas. Ir también al cine o al teatro.
- A partir de los 10-11 años, ir juntos a comprar algo de ropa y elegir la prenda entre padres e hijos.
- Preparar un pastel y comerse un pedazo después.
- Disfrutar de un aperitivo salado (aceitunas, patatas chips) o comer golosinas.
- Etc.

El refuerzo positivo, el premio, es una celebración de ocasiones especiales y no un acto diario guiado por el propio niño, que pide compensaciones cada vez que considera que se comporta o actúa bien. Si el premio está en sus manos, ya no es un refuerzo, sino una excusa para manipular a los educadores y, lo que es más importante, un regalo sin efectividad, por previsible. Un niño que recibe algo cada día, sin realizar el mínimo esfuerzo, nunca aceptará un «no».

Luisa comienza todo y no acaba nada

Luisa, de 12 años, se cansaba de todo lo que empezaba. Estaba desanimada. Tras insistir mucho a sus padres para que le compraran un piano, cuando llevaba dos meses tomando clases de música se cansó y abandonó el instrumento. Lo mismo le sucedió con varios deportes en los que se inició. Empezaba con muchas ganas pero enseguida se «desinflaba».

Por esa misma actitud presentaba un grado importante de fracaso escolar. Se hacía buenos propósitos, pero a la primera dificultad tiraba la toalla y centraba sus esfuerzos en otra cosa.

Para enseñarle el valor del compromiso, marqué pequeños pactos con ella. El primero fue que se comprometiera a venir por sí misma a la consulta, sin necesidad de que la obligaran sus padres.

Tras obtener su aprobación, le fijé objetivos —siempre uno cada vez— lo suficientemente pequeños para que pudiera cumplirlos entre una visita y la siguiente. Por ejemplo, le pedí que se comprometiera a no llegar tarde a la escuela, como solía sucederle, durante cinco días seguidos.

Al haber cumplido esto, Luisa parecía muy satisfecha, así que fuimos estableciendo pactos de más calado: escuchar más atentamente en clase, dedicar media hora al día al estudio, cuidar de su mejor amiga, ayudar más a sus padres en las tareas domésticas...

Tras un mes de tratamiento, mejoró su rendimiento escolar y su estado de ánimo. Me sorprendió al decirme que tenía ganas, incluso, de volver a tocar el piano.

---

34. Hay que premiar el cumplimiento de una responsabilidad

¿Cuándo premiaremos la buena respuesta de nuestro hijo a sus obligaciones? Aquellas responsabilidades que cumple de forma automática y que están consolidadas no requieren ningún refuerzo positivo. Así, son las tareas que queremos implementar las que precisan de un premio cada cierto tiempo; se trata de que el niño tenga pistas de que su aprendizaje va por buen camino.

Si compramos unos peces, le enseñamos que su supervivencia depende de que los alimenten bien. He aquí la responsabilidad para con sus mascotas, por ejemplo.

35. ¿Cómo promovemos la igualdad de género respecto a las responsabilidades?

Más que nunca es esencial que, si el niño convive con el padre y la madre, ellos den ejemplo de respeto mutuo y de colaboración sin roles machistas ni feministas.

En las familias monoparentales o de progenitores separados, transmitimos la igualdad entre hombres y mujeres a través de conductas muy evidentes, que demuestren que unos y otros tienen las mismas obligaciones en lugar de tareas que corresponden a un rol u otro porque sí.

Un tópico que aparece mucho en la educación de los niños es que a las chicas les gusta jugar con muñecas y a los niños, con coches y espadas. Sin negar la propensión genética que lo confirma en ciertos casos, también hay niños que se divierten jugando con muñecas y niñas que disfrutan con los juegos de guerra o lucha. Lo que es fundamental para que asuman la igualdad de género es que no les censuremos si desean jugar a algo que se supone masculino o femenino. Los tópicos no ayudan a educar, y cualquier elección de un niño es absolutamente social y apta para su desarrollo. Depende de nosotros que se desarrollen sin prejuicios ni preconceptos, independientemente de los estímulos externos que, por supuesto, les mostrarán actitudes muy arraigadas en cuanto a diferenciación de género, comportamientos que debemos explicarles para que aprendan a desechar los que resulten discriminatorios.

---

36. Reconocer y potenciar las habilidades particulares de cada miembro de la familia

Los niños acostumbran a compararse con sus hermanos y con los demás, en general. Ya hemos visto en las respuestas 30 y 32 que, para zanjar quejas y lamentos, es determinante el hecho de asignar las tareas a nuestros hijos según su habilidad concreta para cumplirlas, ya que es la manera de que se sientan útiles y contentos de dominar ese «trabajo».

Insistimos en que el halago de esa habilidad, el reconocimiento, empujará incluso al niño o adolescente a perfeccionarse o mejorar en el cumplimiento de una responsabilidad concreta: «Tú que ordenas con tanto mimo y acierto el armario, venga, encárgate de que todo esté en su sitio» o «Siempre separas bien la basura, así que ayúdame con el reciclaje mientras tu hermano hace esto otro».

Repartimos tareas con justicia —sin sobreproteger al niño al que le cuesta más aprender— y evitando los estereotipos porque uno es mayor o porque el otro no tiene paciencia. Todos deben sentirse igual de importantes. Al fomentar en ellos el orden, la puntualidad, la organización; al reconocerles sus talentos, contribuimos a descubrir esos puntos positivos de su personalidad.

En definitiva, debemos proporcionarles una educación en la responsabilidad y detectar sus habilidades. Nuestros hijos conocerán las obligaciones que les ayudarán a desenvolverse en todas partes y serán especialmente hábiles con aquellas en las que destacan y que hemos estimulado.

———————◆———————

37. ¿Cómo podemos detectar el estrés o la ansiedad ante sus tareas?

Al enumerar, en la respuesta 26, las responsabilidades adecuadas para cada edad, hemos dejado patente que crecer es un trabajo a tiempo completo y agotador para el niño. A medida que va cumpliendo años, va recibiendo, de manera progresiva, demandas e información que debe aprender, y a veces la presión le acucia, como nos sucede a todos los adultos.

Así pues, debemos ser muy conscientes de nuestra manera de enseñar, de la exigencia que volcamos en cada demanda, y de lo que nuestro hijo puede asumir de una forma realista. Si va a un colegio con un alto nivel de exigencia, y nosotros, en casa, también le planteamos metas y retos costosos, el pequeño o adolescente puede sentir ansiedad ante la posibilidad de no cumplir las expectativas de profesores y padres. A esto debemos añadir que los niños a los que no se les ha reforzado el cumplimiento de una tarea, y la hacen más a disgusto que espontáneamente, se agobiarán y se equivocarán con facilidad.

El ánimo, la motivación, es el contrapunto del estrés y la ansiedad. Si notamos que el niño se comporta de una manera extraña, tenemos que observarle e intentar averiguar, sin presiones, si ha ocurrido algo, en el colegio o en casa, que le disguste. Un estado anímico puntual se pasa, pero nunca debemos minimizar una actitud que dure en el tiempo, pues es una señal de que debemos tomar cartas en el asunto, y que al niño le preocupa o angustia algo que no sabe cómo solucionar.

Tras conocer qué le entristece, pondremos en marcha mecanismos de compensación, como rebajar la exigencia y organizar actividades en familia que le relajen y en las que se sienta seguro y arropado.

PARA RECORDAR...

El trabajo del niño es aprender

• Volcamos en él nuestra confianza y nuestras mejores expectativas, pero no exigimos que sea perfecto o como esperamos que sea, sino que le dejamos mejorar y desarrollar sus propias habilidades.

• Las responsabilidades son útiles y por eso satisfacen al niño y no son solo obligaciones. Si consideramos y aprovechamos el talento de nuestro hijo, ser responsable será un placer para él.

• No se castiga, se retiran pequeños privilegios. Tampoco se premia cada pequeño triunfo, sino un avance especial.

• Las tareas se determinan en función de la edad, y la más importante es aprender para crecer. No les sobrecarguemos.

En el próximo bloque profundizaremos sobre los conceptos de firmeza y exigencia para enseñar valores, responsabilidades y hábitos.

Sobre firmeza y disciplina:
las altas expectativas y la exigencia de los padres, somos sus modelos/ referentes, comunicación, diálogo...

¿Dónde queda el punto intermedio entre el cariño y lo que entendemos por disciplina, que en general es el castigo? En estos días, en que los padres pasan bastantes horas fuera de casa, es habitual confundir el afecto, la sobreprotección y la permisividad; tienden a evitar decir «no» porque se sienten culpables de no dedicar más tiempo de calidad a los niños.

No obstante, si no dejamos que nuestro hijo se equivoque ni le ponemos límites, poco hacemos en pro de su seguridad y autoestima. El apego entre padres e hijos también depende de la firmeza con que les eduquemos. Si el lazo afectivo es equilibrado, sin excesos ni carencias, lo disfrutaremos toda la vida.

Pero ¿qué es educar con disciplina? Pues marcar límites, y eso no significa pegar o castigar al niño. Cuando nuestro hijo conoce las normas, sabe qué puede hacer y obtener, y actúa de una forma coherente y segura. En cambio, un niño que se rige por el miedo a ser mortificado, vacila y reacciona con retraimiento o agresividad. La disciplina es un valor positivo, base del esfuerzo, del aprendizaje fluido y de la responsabilidad.

Está en la naturaleza de los niños investigar, probar cosas. De hecho, cuando son pequeños, pasan una fase en la que lo tiran todo al suelo. Están descubriendo, jugando. Si no les diéramos una pauta y les dijéramos que no se pueden tirar las cosas al suelo, probablemente seguirían haciéndolo. Si no les decimos lo que pueden y lo que no pueden hacer, ellos seguirán investigando. Por eso es bueno que desde pequeños tengan una disciplina que les ayude a discernir entre lo que está bien y lo que está mal. Es bueno que nuestro hijo aprenda a ajustarse a lo que tiene que hacer, a las normas que hay en casa, porque eso también le ayudará a comprender que existen unas normas sociales que se exigen fuera de casa.

La disciplina y las pautas que le enseñemos a nuestro hijo dependerán de cada familia. Hay familias más laxas y familias más estrictas, pero lo importante en ambos casos es que los padres tengan claro qué quieren enseñar a su hijo para que él también lo tenga claro. Durante su proceso de aprendizaje, nuestro hijo debe comprender que no puede hacer siempre lo que le apetece, que los demás no harán siempre lo que quieren y que tendrá que acostumbrarse a seguir una serie de normas.

Así pues, como referentes primeros y últimos, ¿somos disciplinados? ¿Podemos predicar con el ejemplo? Que ambos progenitores estén de acuerdo en estos límites, sin adoptar roles de «el bueno que tolera» y «el malo que castiga», facilita las cosas. Si nuestro comportamiento es respetuoso y ordenado, podemos esperar lo mismo de nuestro hijo. Si empleamos expresiones soeces o somos anárquicos, no podemos pretender que nuestro hijo no nos imite.

Para corregir su conducta de forma natural, nos conviene mantener la calma, dar indicaciones precisas y directas, ignorar cuando no las cumpla y felicitar a nuestro hijo cuando lo haga bien. Si desobedece, es más efectivo retirarle privilegios —como ver un rato la tele o jugar— que el castigo físico, que solo expresa nuestra impotencia; castigar no es una solución sino un estímulo para que el niño nos tenga miedo, no respeto. Las consecuencias de rebasar los límites, más que el miedo, deben pasar por no obtener gratificación. Disciplina es paciencia, no violencia.

Algunos padres sobreprotegen a sus hijos, se lo permiten todo y no exigen nada; creen que así sus hijos se sentirán más queridos. Sin embargo, cuando les marcamos un patrón de conducta y les decimos lo que pueden y lo que no pueden hacer, también les estamos mostrando afecto. Cuando les exigimos algo, les estamos demostrando que creemos en ellos, que confiamos en ellos y en sus capacidades.

Además, si les enseñamos a aceptar un «no», también les estaremos enseñando a ser capaces de aceptar las frustraciones. Pero para que acepten una negativa, no basta con decir que no pueden hacer algo; debemos explicarles por qué. Es habitual que un niño diga que quiere algo porque todos sus amigos lo tienen. Si nosotros le hemos dicho que no y le hemos dado unas razones, podremos mantener nuestra negativa y hacerle entender que el hecho de que sus amigos lo tengan no es una razón de peso que pueda cambiar las que le hemos planteado.

No obstante, aunque eduquemos con unos parámetros de exigencia y firmeza, en algunas ocasiones también debemos ser capaces de ser flexibles, dejando siempre claro que se trata de excepciones.

———◆———

38. ¿Qué es educar con firmeza y exigencia?

Educar con firmeza y exigencia no es castigar a nuestro hijo o prohibirle las cosas porque sí. Se trata de saber qué queremos enseñarle y cómo queremos transmitírselo. Se trata de tener claras las pautas y las consignas que queremos transmitirle a nuestro hijo y aprender a transmitírselas correctamente.

Muchos padres se quejan de que tienen que repetir mil veces las cosas para que su hijo les haga caso. Que tienen que explicárselo todo de mil maneras para que lo entienda, para que les escuche y que, al final, no saben qué hacer. Para evitar estas situaciones, hay que exponer mensajes muy claros y concretos, y no variarlos mientras el niño esté aprendiendo, ya que eso generaría confusión. Por otro lado, debemos ser conscientes de que, si repetimos una y otra vez la misma consigna para que nos haga caso, estamos consiguiendo lo que él quiere: retrasar el momento de tener que hacer lo que se le pide y obtener atención. Por eso hay que decir las cosas una sola vez, para que se esfuerce en escuchar el mensaje.

Uno de los aspectos más importantes en el momento de transmitirle una pauta es la manera en que se lo decimos. Si lo planteamos como una orden, él lo recibirá como una obligación o una prohibición. Si nos expresamos con desgana, sentirá que no estamos por él, que no esperamos nada de él. Y eso no es bueno; en absoluto. Para que la consigna llegue correctamente y nuestro hijo se sienta a gusto con ella, es importante que las pautas se lancen con altas expectativas.

Cuando hablamos de «altas expectativas» no nos referimos a amenazar o presionar. Nuestro hijo debe interiorizar que creemos en él, que confiamos en él y que esperamos que sea capaz de hacer las cosas que le pedimos porque sabemos que es bueno, que puede hacerlo y que lo hará bien; le exigimos porque sabemos que tiene recursos. Y si no lo hace bien, tampoco pasa nada. No debemos enfadarnos o castigarle por ello, sino decirle que otro día le saldrá mejor. Es fundamental que nuestro hijo capte que creemos en él y que no nos enfadaremos al primer fallo que cometa.

———◆———

39. ¿Debemos mantener altas expectativas en nuestro hijo?

En la anterior respuesta hemos introducido que toda educación positiva se practica desde las altas expectativas, puesto que equivalen a querer a nuestro pequeño por quien es y por sus capacidades reales, en las que creemos firmemente. Por eso, aquí queremos centrarnos en lo que ocurre, desde la perspectiva de los padres, cuando estas expectativas son irreales o no se cumplen, y aparece la frustración.

Por norma general, todos los padres piensan que sus hijos van a ser los mejores, y los educan siguiendo este parámetro. Pero cuando resulta que no es el mejor de la clase, o el mejor jugando al fútbol, los padres sienten una enorme frustración y a menudo se enfadan con su hijo por no haber sido lo que ellos esperaban que fuera. Cuando esto ocurre, el primero que debe ser tolerante y saber aceptar la realidad es el padre o la madre; en caso contrario, estará cargando a su hijo de presión y de culpa por no ser tan bueno como los progenitores deseaban.

Debemos recordar que todos los aprendizajes tienen su proceso, y que cada niño tiene su ritmo y sus habilidades. Hay niños que son más rápidos aprendiendo a leer y otros que son más lentos; hay niños que prestan más atención que otros, niños que aprenden a hacer ciertas cosas por sí solos, y niños a los que habrá que irles recordando lo que tienen que hacer. Hay que tener paciencia y respetar los ritmos de cada uno.

Para acompañar a nuestro hijo en su proceso de aprendizaje, podemos ayudarle, pero nunca enfadarnos con él ni machacarle porque no se acuerda de algo. Si, por ejemplo, hemos insistido en que queremos que recoja la ropa del cuarto de baño y la deje en el cesto de la ropa sucia, y un día vemos que la ropa sigue en el cuarto de baño, la mejor manera de ayudarle a que se dé cuenta es decirle con humor y cariño: «Anda, creo que aquí hay algo que no cuadra», mientras señalamos la ropa. El niño enseguida se dará cuenta de que no ha hecho lo que le habíamos pedido y recogerá la ropa. En vez de enfadarnos, reprenderle y presionarle para que haga las cosas, intentaremos animarle con una fórmula saludable para que se ponga en acción.

40. ¿Siempre podemos exigir que nuestro hijo haga algo?

El aprendizaje es un proceso progresivo, y para que el niño tenga ganas de aprender más cosas es bueno que le creemos la necesidad de superarse a sí mismo. ¿Cómo? Con el refuerzo positivo cada vez que hace algo bien, ya que de esa manera le mostramos que somos conscientes de que está aprendiendo y podremos motivarle a que siga mejorando.

Como padres, debemos saber qué podemos pedirle a nuestro hijo. <u>Si queremos motivarle para que siga aprendiendo y se supere a sí mismo, no le exigiremos tareas que creamos que no podrá cumplir, de ese modo evitaremos situaciones frustrantes en las que pierda la motivación.</u> Por supuesto, debemos enseñarle que la frustración existe, pero no es cuestión de empujarle a ella. Si, por ejemplo, le pedimos a nuestro hijo que lave los platos por primera vez, y se le rompe un plato, no haremos ningún drama, porque en ese caso estaríamos deshaciendo lo que hemos conseguido al impulsarle a probarlo: que confíe en él y que sepa, sobre todo, que confiamos en él.

En el proceso de aprendizaje es importante prepararle para las cosas que le pedimos. Si un día decidimos que se puede vestir solo y aparece con unos pantalones cortos y unas sandalias en pleno invierno, y nos ponemos a gritar y a decirle que es tonto, el niño no entenderá nada. Si, en cambio, le enseñamos que hay ropa para el invierno y ropa para el verano y le explicamos unas razones que pueda entender, probablemente sabrá qué hacer en cada caso. No debemos olvidar que estamos educándole; no sabe las cosas por ciencia infusa.

Un asunto que no queremos pasar por alto es que actualmente hay muchos padres que, en el momento en que llega un nuevo hermanito, convierten al hermano mayor en un «adulto» más; es decir, le traspasan responsabilidades para que ayude y para que asuma que es el mayor y que ahora ese es su papel. Está bien que colabore, que tenga responsabilidades, pero no hay que olvidar que sigue siendo un niño, que debe hacer cosas de niño. Si hacemos que su vida gire en torno a su hermanito, lo más probable es que acabe sintiendo celos, porque perderá su espacio, su autonomía y dejará de hacer cosas por su hermano; cosas que, además, no le corresponden. Es bueno implicarle en las tareas de la casa, pero siempre en su justa medida. Es un niño. No lo olvidemos.

---

41. ¿Cómo mantenernos firmes si nuestro hijo se resiste?

Es un hecho: muchos niños se niegan a hacer lo que sus padres les piden. Lloran, patalean, gritan, lanzan cosas. Es su manera de expresar su desesperación, su frustración, en una fase de negación. Por norma general, esa fase exaspera a los padres, que se crispan, se agobian y acaban gritando al niño para que cumpla y punto. Y como si de un círculo vicioso se tratara, el niño sigue en sus trece y los padres siguen insistiendo, subiendo cada vez más el tono y haciendo imposible la comprensión entre ambos.

Antes de llegar a este punto, los padres tenemos que ser capaces de conservar la calma y explicarle, con buen tono, que le hemos pedido algo porque estamos seguros de que puede hacerlo y de que obtendrá lo mejor. Si insiste en su negativa, no debemos seguirle el juego. Simplemente nos retiraremos y le dejaremos enfurruñado para que comprenda que hay cosas que no puede conseguir. Si se calma y accede, podemos darle un refuerzo positivo; si no lo hace, conviene que nos mantengamos en silencio durante unos minutos para que sepa que no estamos contentos con ese comportamiento; o le quitaremos un privilegio. Lo que hay que conseguir es que nuestro hijo aprenda que hay una serie de pautas que es preciso que cumpla, y que nosotros no vamos a rendirnos, porque somos los que llevamos la batuta.

A pesar de que la firmeza en la educación es necesaria, hay que saber ceder, aprender a negociar. Por ejemplo, si está jugando a un videojuego y le decimos que lo apague porque hay que sentarse a cenar, pero él se niega aduciendo que está a media partida, gritarle que lo apague o desconectarle directamente la videoconsola supone entrar en un bucle de discusión y de negatividad que no aportará nada al desarrollo de nuestro hijo. Esta actitud es un mal ejemplo —revela que queremos conseguir objetivos por la fuerza—, y lo único que logramos es crisparnos más. En situaciones como esta, podemos darle cinco minutos más, hasta que acabe la partida, y luego le exigiremos que apague la videoconsola. De esta manera, salimos ganando las dos partes —él y nosotros— y evitamos el drama.

◆

42. Marcando límites sin frustrar sus iniciativas positivas

En muchos casos, encontrar el punto de equilibrio entre la firmeza y la flexibilidad es una especie de «maná» en la educación de nuestros hijos. De la misma manera que hay padres sobreprotectores que consienten todos los caprichos y las exigencias de los pequeños y adolescentes, también hay padres que creen que no deben permitir que sus hijos propongan actividades o tengan iniciativa propia. Se hace solo lo que ellos consideren.

Ninguna de las dos opciones es óptima. <u>Hay que aprender a ser firmes y, al mismo tiempo, a saber negociar, porque nuestros hijos también pueden tener buenas ideas, y una de las mejores maneras de</u>

potenciar sus habilidades, su confianza y su autonomía es, precisamente, darles un voto de confianza.

Cuando un niño propone, por ejemplo, hacer un pastel, o un collage, o un desfile de disfraces, muchos padres solo piensan en lo que tendrán que limpiar luego, en el desorden y en lo sucio que quedará todo. Pero si nos está pidiendo permiso para hacer algo que le apetece, algo que le ilusiona y que, además, alimenta su creatividad o sus capacidades, ¿por qué no participar? Si le dejamos hacer eso, estaremos favoreciendo su crecimiento, su imaginación y su motivación. Y, además, podremos compartirlo.

Cuando, por ejemplo, la iniciativa que propone nuestro hijo implica ir al colegio solo con los amigos, si ya tiene edad para hacerlo, no tenemos por qué prohibírselo. Confiemos en él y veamos qué pasa. Lo que sí debemos dejarle claro son las normas que debe seguir, cómo debe comportarse e insistir en que tenga cuidado. Es un paso muy importante en su autonomía y, si creemos que puede hacerlo, no hay motivo para retrasarlo o evitarlo.

---◆---

43. ¿Cómo saber si nuestro hijo requiere más flexibilidad?

Es bueno que nuestro hijo sepa que existen situaciones excepcionales en las que no seremos tan exigentes con él, en las que negociaremos. La premisa para poder aplicar esa flexibilidad es tener la seguridad de que no intentará aprovecharse de esa situación excepcional para convertirla en la norma. Se trata de ser flexible, no de modificar la pauta, y eso debemos expresarlo con claridad, para que lo entienda y no piense que, de repente, hemos decidido cambiar las reglas.

Pero ¿cuándo podemos ser flexibles? ¿En qué situaciones podemos hacer excepciones? Cuando surge una iniciativa que nosotros aprobamos y que se presta a que negociemos con nuestro hijo, debemos darle un voto de confianza. O, si normalmente nuestra pauta ante los estudios es que debe hacer los deberes solo y un día llega a casa con una montaña de deberes y vemos que realmente no puede con todo y hay cosas que le cuestan, podemos ayudarle. La firmeza y la disciplina son necesarias, pero nuestro hijo debe saber que puede contar con nosotros si lo necesita.

Raúl tartamudea de repente

Raúl vino a mi consulta porque a veces tartamudeaba, cosa que desconcertaba mucho a sus padres. Cuando hacía una actividad que le gustaba, no tartamudeaba. En cambio, si estaba en clase o si sus padres le reñían o le metían prisa, entonces respondía tartamudeando. Nadie se explicaba la razón de aquel tartamudeo intermitente.

Le hice pasar un test de inteligencia y comprobé que todas las puntuaciones que obtenía eran muy altas. Sacó un resultado de 144, que es un coeficiente intelectual altísimo.

A partir de entonces me coordiné con la escuela, con el psicólogo de la escuela y con los padres. Tras reunirnos se optó por ponerle más trabajo, doblarle los deberes y buscarle ocupaciones en casa, ya que Raúl no soportaba estarse de brazos cruzados. En la escuela lo pusimos de ayudante de un niño que tenía muchas dificultades de aprendizaje. La experiencia fue muy positiva, y el tartamudeo desapareció definitivamente.

◆

44. Cómo enseñar el valor de la disciplina

La disciplina no es aplicar castigos o demostrar autoridad por encima de todo. Entendemos por disciplina la coordinación de actitudes con las que se enseña a desarrollar habilidades o a seguir una serie de conductas. Es, de hecho, aprender a aceptar las normas sociales, aprender a comportarse.

La disciplina tiene que ver con el aprendizaje de los hábitos en cuanto a la higiene, los horarios, el orden... Los hábitos nos ayudan a tener unas pautas de comportamiento en el terreno personal y en el espacio familiar que, a su vez, ayudan a que nuestros hijos tengan una estructura y un desarrollo sano de su personalidad.

Pero, además de los hábitos que los padres enseñamos en casa, nuestro hijo debe conocer las normas sociales y de comportamiento interpersonal para comunicarse correctamente con el mundo. Las normas son necesarias para la convivencia: si un día decidiéramos saltarnos los semáforos en rojo, la circulación sería un caos y peligrarían muchas vidas. Por eso debemos conseguir que nuestro hijo comprenda la importancia de ser disciplinado y respetuoso para aprender a convivir y disfrutar de la vida.

Santi, el matón de la clase

Santi es un adolescente muy deportista que cada día se peleaba en el colegio. Había roto la nariz a un compañero y solía volver a casa con moratones. A veces incluso había pasado por el centro médico para que le dieran puntos.

Era un niño absolutamente descontrolado sin ningún motivo aparente para ello. Sus padres eran gente muy normal, personas de talante amable, aunque su padre era una persona muy exigente.

Santi se sentía muy reprimido en casa, mientras que en la escuela ejercía de líder y de payaso de la clase. Cuando percibía que alguien era más gracioso que él o sentía que le robaban protagonismo, se enfadaba y se peleaba. Era el matón de la clase; un chico muy precoz que con 13 años ya fumaba, quería ir en moto y buscaba mil maneras para librarse de sus responsabilidades.

Aun así, era un niño popular, porque era muy gracioso, divertido y ocurrente. Su problema radicaba en que no sabía rectificar ni valorar las consecuencias de sus acciones, y tenía muy mitificado el poder a partir de la fuerza.

Trabajé con la escuela, con la familia y naturalmente con Santi, al que le fuimos poniendo retos. Nuestro objetivo era que reconociera y aceptara que estaba actuando mal. Tras mucho esfuerzo, pues el niño era muy emocional, conseguimos una mejora. El caso tenía buen pronóstico, ya que estaba claro que cuando Santi madurara interiorizaría el porqué de sus acciones y las corregiría. El tiempo nos dio la razón.

◆

45. Cómo transmitir el valor de la obediencia

La obediencia forma parte de la disciplina. Si la disciplina es aprender que hay normas que debemos cumplir, la obediencia sería el cumplimiento de esas normas propuestas por los padres.

No podemos exigir la obediencia a voz en grito ni con esa coletilla tan utilizada por algunos padres: «Porque lo digo yo». Por lo menos no por norma. La obediencia tiene relación con la autoridad, y la autoridad no se ejerce ni con violencia ni con imposición. En casi todos los ámbitos hay personas que tienen autoridad: en la escuela, los maestros y el director tienen; en casa, los padres; en la calle, el guardia urbano te puede multar si cometes una falta y tiene más autoridad que los peatones. Si sabemos transmitir a nuestro hijo quién dirige en cada contexto, si sabemos hacerle comprender que lo que pedimos nosotros o lo que piden los maestros son cosas positivas que buscan que él se desarrolle como persona, aprenda y crezca mejor, tendremos el camino ganado para que interiorice esas normas y la importancia de cumplirlas.

◆

46. Cómo motivarle a ser autoexigente

El refuerzo positivo es la vía idónea para motivar a nuestro hijo y para empujarle a hacer más cosas. Si destacamos y valoramos lo que hace bien —lo bien que pinta, la buena letra que ha logrado perfeccionar, lo bien que se porta—, deseará mejorar, evolucionar y esforzarse mucho más.

Con el estímulo de la felicitación y la gratificación, ganará seguridad y sentirá la necesidad de seguir en esa línea de aprendizaje. Si, por ejemplo, lo felicitamos por las notas que ha obtenido —no tanto por la nota en sí como por el esfuerzo que hay tras ella—, probablemente se proponga mejorarla o mantenerla. De esa manera, les creamos una necesidad, no una exigencia, y son ellos mismos los que quieren mejorar, porque se sienten orgullosos de lo que han conseguido y esa satisfacción personal les guía.

Por otra parte, de la misma manera que una falta de refuerzo positivo puede llevar a que nuestro hijo se sienta frustrado porque crea que todo lo hace mal o que nada nos basta, un refuerzo excesivo puede llevarle a creerse el mejor del mundo, a que construya una personalidad prepotente y déspota. El refuerzo, como todo en la vida, crece con la moderación.

◆

47. ¿Cómo debemos actuar ante conductas transgresoras graves?

En ocasiones, es posible que nuestro hijo haga cosas que no entran en los parámetros de conducta que nosotros le hemos enseñado: desplantes, romper cosas porque se ha enfadado, o agresiones físicas.

Ante este tipo de conductas, es importante <u>fijar ciertas acciones parecidas al castigo para que el niño sepa que son comportamientos que no vamos a tolerar; debe quedarle claro que ante determinadas conductas no hay negociación posible.</u> Lo primero que podemos hacer es aplicar un «boicot emocional» absoluto: dejar de hablar con él, no dirigirle la palabra durante horas para que se dé cuenta de que lo que ha hecho es reprobable y serio. Otra estrategia es quitarle un privilegio y dejarle claro que hasta que no mejore su conducta no le devolveremos lo que pide. Y si se enfada, no daremos nuestro brazo a torcer. Si transigimos, no le enseñamos que hay comportamientos que no podemos tolerar, ni nosotros ni nadie.

Pedro y sus ganas de molestar

Pedro es lo que podríamos llamar un «pequeño tirano». Es el mayor de tres hermanos y se cree con derecho a estar por encima de todos. Es agresivo, se enfada constantemente y en lo único en que piensa es en molestar a sus hermanos: los trata mal, les esconde sus cosas, les apaga la tele. Cuando sus padres le dicen algo, pasa de ellos o hace todo al revés de como le piden. Parece como si los estuviera poniendo a prueba. Cuando hablas con él, creerías que está obsesionado con los demás: todo es culpa de los otros; son los demás los que molestan.

En casos como este, es muy importante tener autoridad, saber plantarse delante del chico y hacerle entender que de esa manera no va a llegar a ninguna parte, porque, si está pendiente únicamente de los demás y de molestarles, no está pendiente de él mismo y se pierde muchas oportunidades.

◆

48. Claves para ponernos de acuerdo los padres y otros cuidadores a la hora de pedir disciplina

Aunque partimos del hecho de que todo individuo es diferente y que, por lo tanto, el padre y la madre no tienen por qué tener el mismo carácter ni la misma manera de hacer las cosas, en lo que respecta a las pautas, las conductas y los hábitos básicos, los padres debemos estar en sintonía. No puede ser que si la madre le dice a su hijo que no puede ver la tele después de las ocho, llegue el padre y diga que sí. El mensaje que damos a nuestro hijo debe ser siempre el mismo, se lo dé quien se lo dé. Lo que sí puede variar es la manera de transmitirlo: hay personas con un tono de voz seco, autoritario, y otras que tienen una forma de hablar cariñosa, tierna. Podemos tener actitudes diferentes, pero no olvidemos que las pautas que marcamos deben seguir la misma línea.

Este punto es muy importante porque, si mostramos abiertamente discrepancias en las consignas que damos a nuestro hijo, él se dará cuenta e intentará aprovecharse de la situación. Si sabe que su madre es más permisiva con las golosinas y que su padre lo es en lo referente a las horas que puede estar jugando en el ordenador o delante de la tele, irá a pedirle a cada uno lo que le interesa. Por eso jamás debemos llevarnos la contraria en estos aspectos delante del niño. Si no estamos de acuerdo con la exigencia de nuestra pareja o con el tono de voz que ha empleado delante del pequeño, debemos discutirlo en otro momento, a solas, y siempre desde el respeto, ya que ambas opiniones cuentan a la hora de educar. Lo importante es llegar a un acuerdo y aplicar las pautas que hayamos acordado.

¿Y qué sucede con los otros cuidadores? Los padres pueden ponerse de acuerdo en qué quieren enseñarle a su hijo, pero ¿y los abuelos o el canguro? Es habitual escuchar que los abuelos malcrían a sus nietos. Y en muchos casos es cierto: los abuelos a menudo contradicen las pautas que los padres han transmitido a sus hijos. Si sabemos que nuestro hijo va a pasar muchas horas o muchos días con sus abuelos, debemos asegurarnos de que los mayores han incorporado las normas que se siguen en casa. Hay que pedirles que sigan esas mismas consignas para que no interfieran de manera negativa en el proceso de aprendizaje de nuestro hijo. Probablemente lo harán de un modo más laxo y con más concesiones, pero tendrán la base clara y podrán actuar según lo que les hemos pedido.

Con todo, dado que se esfuerzan por ayudarnos, a veces nos sentimos culpables y sin derecho a exigir a los abuelos que sigan nuestras normas. Pero es necesario que lo hagan dentro de lo posible. No obstante, si solo compartimos con los abuelos los domingos por la tarde, esas visitas pueden ser pequeñas situaciones excepcionales que tengan algo especial, ya que constituyen una actividad fuera de la rutina típica de casa.

José, Susana y su canguro

José y Susana son mellizos que vienen a la consulta porque sus padres se han separado y ahora la estructura familiar es muy caótica. Como sus padres están muy ocupados, tienen una canguro, una mujer mayor que los trata con mucho cariño y que los lleva en bandeja. Cuando les pedí que dibujaran su núcleo familiar, tanto José como Susana dibujaron a su padre y a su madre, pero también a la canguro. Viendo el dibujo, quedaba claro que en esos momentos ella era más importante para los niños que sus padres. Se habían enganchado a ella para no enfrentarse a la realidad familiar; además, ella les regala cada día alguna tontería para que estén contentos, para compensar la situación que están viviendo.

Estos niños han sustituido a sus padres por la figura de la canguro sin saber que, a veces, las canguros van y vienen, no permanecerán en su vida, no son un referente. Por eso estamos intentando recuperar el vínculo sano con sus padres y que la figura de la canguro sea menos importante.

---

49. Qué hacer cuando el hecho de ser exigente deteriora la relación de pareja

Hay pocas parejas que no discutan. Pero cuando hay un hijo de por medio, es importante llevar esas discusiones a otra parte y, si es posible, aprender a solucionar los problemas de otra manera. Para que una relación funcione debemos respetar al otro. Podemos no estar de acuerdo con la otra persona o con su forma de hacer determinadas cosas, pero nunca hay que recriminar o despreciar al otro. Y mucho menos delante de nuestro hijo, porque, si se acostumbra a ver eso, acabará pensando que ese es el modo más normal de relacionarse con los demás.

Cuando no estamos de acuerdo con la actitud de nuestra pareja, lo mejor que podemos hacer es comentarlo, desde la serenidad, y decir lo que nosotros hubiésemos hecho. No se trata de imponer un criterio, sino de respetar la manera de ser del otro, de llegar a un acuerdo, a un punto en el que ambos podamos estar cómodos y sentirnos a gusto.

Una de las situaciones que más puede llegar a deteriorar la relación de una pareja es que, en el momento en que nace el niño, la madre decida abandonar todo lo que es y hace para ejercer exclusivamente de madre: dejar de lado el trabajo, las amistades y, por supuesto, a su compañero, que queda desplazado en la vida familiar y puede llegar a desarrollar celos hacia el pequeño. Aunque con menor frecuencia, esta solución puede darse también con el padre. Cuando convertimos a nuestro hijo en nuestra prioridad absoluta, podemos cometer algunos errores que pueden afectar tanto al desarrollo emocional y personal del pequeño, como a nuestra relación de pareja. Si, por ejemplo, la madre decide que para evitar que el niño vuelva a tener pesadillas ha de dormir siempre con los padres, el hijo no aprenderá a crear un buen hábito del sueño y no sabrá dormir si no está junto a su madre. Pero, además, es posible que el padre acabe harto de no tener intimidad, de no poder disfrutar de un momento de pareja, y se traslade a dormir a la habitación del niño para estar tranquilo.

Para evitar esta clase de situaciones, que pueden suponer problemas graves en la vida familiar, hay que intentar mantener un equilibrio entre la maternidad y la vida de pareja y, sobre todo, establecer una buena comunicación para poder comentar todo lo que nos preocupa; poder hablar con nuestra pareja de manera clara y sincera, y siempre desde el respeto.

---

50. Cómo evitar el desgaste emocional de los padres

La frustración que sienten muchos padres cuando su hijo no cumple con sus expectativas hace que se enfaden más y se peleen más con sus hijos, de manera que la paciencia y la relación con ellos se desgastan. Si nos pasamos el día luchando con nuestros hijos para que hagan lo que nosotros queremos, para que obtengan las notas que nosotros

esperamos o para que sean los grandes deportistas con los que soña-
mos, nosotros acabaremos agotados y conseguiremos que nuestro
hijo acabe también frustrado.

Cuando un niño es pequeño, lo que quiere es que sus padres
estén por él. Si lo que hacemos es repetirle mil veces las cosas, de-
sesperarnos e insistir en lo mismo de nuevo, generaremos una
dependencia por parte de nuestro hijo, que no hará nada hasta que
se lo hayamos repetido mil veces. Si entramos en esta dinámica, se
producirá un desgaste que ayudará a que nos desesperemos todavía
más. Para frenarlo, debemos ajustar nuestra manera de comunicarnos con nuestro hijo. Es importante decirle bien las cosas, hacer que
él las entienda, para que así pueda asumir las consignas. Debemos
cambiar la cantidad por la calidad, pasar de repetirlo todo muchas
veces a decírselo con efectividad.

Otro aspecto que puede producir desgaste en los padres es la falta de tiempo para ellos mismos. Ayudamos a nuestro hijo con los
deberes, a vestirse, a hacerse la cama y a todo lo demás, y cada vez
pensamos menos en nosotros y estamos más cansados. Por si esto
fuera poco, con esta ayuda incondicional no permitimos que nuestro hijo vaya desarrollando su autonomía.

Tenemos que apostar por mantener una vinculación equilibrada
con nuestro hijo. Como ejemplo de otorgar y ganar espacio personal, cuando hace los deberes, le dejamos solo, pero vamos entrando
en su habitación para comprobar cómo va, si necesita ayuda. A medida que tenga más autonomía, menos nos necesitará. Se trata de
establecer un vínculo afectivo, no de dependencia; que nuestro hijo
sepa que estamos allí para él y que puede contar con nosotros, pero
que también pueda confiar en sí mismo para hacer las cosas.

Cuando hemos enseñado bien a nuestros hijos y han aprendido
a hacer casi todo por su cuenta, nosotros nos convertimos en meros
observadores: estamos vinculados a ellos, estamos presentes en su
vida y les ayudamos, pero sabemos que son autosuficientes, y eso

nos permite estar más tranquilos y tener más tiempo para otras cosas. Que nuestro hijo tenga autonomía no significa que le dejemos solo. Además, sabemos que, si él nos necesita, tendrá la capacidad y la confianza para decírnoslo.

———◆———

51. ¿Cómo podemos mantener una actitud positiva ante la rebeldía de nuestro hijo?

Nuestros hijo parece no cumplir las expectativas que teníamos puestas en él cuando se vuelve rebelde, se niega a hacer lo que le pedimos y tiene un comportamiento díscolo y desafiante. Entonces la tendencia de la mayoría de los padres es relacionarse con el niño de forma negativa. Hay una falta de confianza y un sentimiento de frustración al ver que no está haciendo lo que nosotros esperábamos, y eso se manifiesta en un tono despreciativo y una desgana en todo lo que le decimos, porque nos ha fallado y hemos tirado la toalla. Desde ese momento los padres tratan a su hijo como si fuera un desastre, alguien a quien no vale la pena motivar ni escuchar, pero ¿es eso realmente cierto? ¿Es solo un desastre o hay cosas positivas que deberíamos seguir valorando?

En las situaciones en las que nuestro hijo se vuelve rebelde y no cumple con lo pactado, debemos plantearnos siempre si eso es lo que lo define o si hay aspectos positivos en él. Debemos ser capaces de comprender el origen de esa rebeldía. Quizá esté pasando por una adolescencia complicada y necesite reafirmarse rebelándose contra sus padres; quizá esté pasando un mal momento en la escuela y lo paga en casa. Casi siempre hay un motivo para el comportamiento de nuestro hijo y, si somos capaces de descubrir cuál es, probablemente sabremos cómo hablar con él y cómo ayudarle. Pero si nos obsesionamos con la idea de que es un desastre y no hay nada que hacer, en lugar de pensar en las cosas buenas que sigue teniendo, lo estaremos etiquetando, y hay etiquetas que son muy difíciles de eliminar.

———◆———

52. ¿Podemos colaborar con sus profesores y con el colegio en temas de disciplina?

Hoy, uno de los temas más candentes en la educación es la sobreprotección de los padres y la incapacidad de algunos para aceptar que su hijo suspenda o que algún profesor haga una crítica negativa. Para muchos padres, su hijo es perfecto y es imposible que saque malas notas o se porte mal en clase. Y, en lugar de observarle, comprobar cuál es su comportamiento y ver si realmente se esfuerza en los estudios, acaban por culpar a la escuela. Es cierto que hay niños que tienen comportamientos muy distintos en casa y en el colegio, pero para poder llegar a esa conclusión <u>debemos ser capaces de confiar en la escuela y de hacer un buen seguimiento del niño</u>.

Confiar en la escuela es fundamental. Es posible que se den situaciones en las que, por lo que nos cuente nuestro hijo, no estemos de acuerdo con la manera en que el colegio las ha manejado, pero no debemos culpabilizar a la escuela ni demonizarla, y mucho menos delante del niño. Hay que aceptar que hay diferentes maneras de proceder ante diferentes situaciones. Siempre podemos comentar el tema con la tutora o el tutor y ponernos de acuerdo en algunos aspectos básicos para así trabajar en equipo. Lo importante es que nuestro hijo tenga claro cuáles son las pautas que le estamos transmitiendo.

Por otro lado, también es cierto que en las entrevistas en el colegio, en muchas ocasiones, tanto padres como maestros se centran en los aspectos negativos del niño. Enterarnos de que no calla nunca, molesta en clase o se pelea con los compañeros no es agradable. Pero tampoco es bueno que la profesora solo reciba observaciones negativas, porque acabará por etiquetar a nuestro hijo y eso será un parco favor para él, ya que es mucho más que esa etiqueta. Es fundamental que en las reuniones escolares se hable de las cosas positivas de los niños, para que los maestros tengan otra imagen de sus alumnos y para que los padres sepan que su hijo hace algunas cosas bien. Es posible que suspendan alguna asignatura, pero si la maestra nos asegura que se porta muy bien y que demuestra interés y se esfuerza, nos tranquilizaremos y podremos motivar mejor a nuestro hijo para que se siga esforzando. Si, en cambio, nos dicen que es muy buen estudiante pero que siempre entrega los deberes sucios, nosotros en casa podremos centrarnos en motivarle para que haga sus ejercicios más ordenados y limpios. La interacción entre la escuela y la familia cobra relevancia justo por todo esto.

Otro aspecto importante en este terreno es que seamos capaces de hablar con nuestro hijo de lo que nos han comentado en la escuela. No nos lo tenemos que guardar como si fuera un secreto, porque son temas que le afectan a él. Debe saber que el profesor nos ha informado de que en algunas asignaturas va muy bien pero en otras no tanto, para ofrecerle nuestra ayuda directamente y que mejore en esas clases. Si todos colaboramos en la misma dirección en lo que respecta a la educación de nuestro hijo, sumaremos.

---

53. ¿Podemos pedir o exigir a un hijo que reciba ayuda psicológica profesional?

En muchos casos, hay una desinformación por parte de los padres hacia su hijo en el momento en que este necesita ir a un psicólogo. A veces, el niño no sabe a lo que va, o cree que tiene un problema muy grave, que está loco y que por eso lo llevan a un psicólogo. Cuando nuestro hijo necesita ayuda externa, <u>es básico y obligatorio que le expliquemos las razones y adónde va</u>. <u>No debemos alimentar la posibilidad de que se sienta un bicho raro o disgustado por necesitar ayuda</u>.

Al plantearle la conveniencia de ir a un psicólogo, no insistamos en la idea de que tiene un problema ni en que es tan desastre que necesita ayuda. Esa no es la estrategia, porque lo que conseguiremos es que nuestro hijo se sienta culpable y que, probablemente, rechace el tratamiento.

Ante una situación en la que nuestro hijo necesita la intervención de un profesional, es recomendable explicarle que hay cosas que los padres no saben gestionar, por lo que necesitan orientación. Debemos explicarle que sabemos que está pasando por una mala época, que es algo que les ocurre a muchos otros niños y que no tiene mayor trascendencia, pero que nosotros no sabemos cómo ayudarle para que mejore. De esa manera comprenderá el motivo por el que hemos buscado una ayuda externa. No es un castigo ni un desprecio; queremos tenderle la mano y lo llevamos a un psicólogo porque le queremos, porque esa persona le ayudará a sentirse más contento, más tranquilo, y porque sabemos que, en pocos días, estará mucho mejor.

PARA RECORDAR...

Somos padres, no amigos

- Seamos siempre positivos. No recalquemos solo lo que no nos gusta, digamos a nuestros hijos también lo que hacen bien.
- Los pequeños aprenden más de lo que ven que de lo que oyen. Seamos consecuentes. No les prometamos ni mintamos. Si les men-

timos para protegerlos, no contribuimos a que maduren y asuman la frustración o el fallo; si les prometemos y no cumplimos, alimentamos su desconfianza e inseguridad.

• Para ellos, controlar el entorno es un reto, y en ese entorno están incluidos sus padres. Harán las mil y una tretas para captar nuestra atención, aunque eso implique nuestro enfado. Debemos poner límites constantemente, de forma creativa pero firme.

• Si no ponemos los límites, los pondrán ellos.

• Tenemos que explicarles siempre la situación de forma clara y breve.

• En ocasiones, nuestros hijos precisan de un «Porque lo digo yo».

Sobre hábitos:
higiene, orden, rutinas, control del tiempo, alimentación, estudio...

De la misma manera que nuestros hijos necesitan una educación en valores, debemos proporcionarles una serie de hábitos para que aprendan a ser autónomos y a respetar las normas sociales y familiares. La popular frase que dice que «no nacemos aprendidos» es completamente acertada en este y en muchos otros aspectos de la educación, pues tanto los valores como los conocimientos y los hábitos se enseñan. Y, claro, se aprenden.

Enseñar a nuestro hijo ciertos hábitos es necesario para que aprenda a comportarse, a desarrollarse y a relacionarse. Incorporar un hábito es asimilar unas rutinas, unas pautas que se automatizan y que reportan bienestar y disciplina.

En nuestra contra tenemos el estrés, las prisas, los horarios laborales cambiantes, elementos todos ellos que pueden afectar a las rutinas del día a día. Pero sabemos que nuestro hijo aprenderá de nosotros, del modelo que nosotros le transmitamos; por eso es importante que, a la hora de enseñarle ciertas prácticas, prediquemos con el ejemplo.

Cuando hablamos de enseñar desde los hábitos higiénicos hasta los de estudio, pasando por el orden o los hábitos del sueño, no estamos hablando de repetir hasta la saciedad una orden para grabarla a fuego en la mente del pequeño. Se trata de hacerle comprender la importancia de esas costumbres para su tranquilidad y bienestar y conseguir que, poco a poco, las haga suyas. Para ello, es básico que nosotros tengamos muy claro lo que queremos transmitirle y, por otro lado, nos impliquemos, hasta cierto punto, en esas consignas que le vamos a ir dando, mostrándole que también cumplimos con los hábitos: nos lavamos las manos, recogemos los platos u ordenamos nuestro armario. De esa manera estaremos mostrando una solidaridad con las tareas que le pedimos y evitaremos que suenen como una orden. Porque, aunque en muchas ocasiones creamos lo contrario, una orden, por mucho que la repitamos, no surtirá tanto efecto como establecer un vínculo con nuestro hijo y acompañarle en el aprendizaje, desde la firmeza pero también desde el afecto.

---

54. ¿Cuáles son los pasos para transmitir un hábito higiénico sin presionar?

Los hábitos higiénicos, como todos los hábitos, son conductas que nuestro hijo irá aprendiendo y asimilando poco a poco. No podemos pretender que haga suyas esas normas el primer día, ni que lo haga sin más, porque nosotros lo decimos y punto. Debemos tener en cuenta que depende de nosotros que comprenda con claridad lo que le pedimos. No podemos ir modificando cada dos por tres la consigna ni cambiando los horarios. Si no somos directos, nuestro hijo acabará confundido, sin saber muy bien qué queremos que haga.

Toda acción necesita una preparación, es decir, debemos avisar a nuestro hijo. Si está jugando tranquilamente en su habitación, no podemos irrumpir y ordenarle que se lave las manos. Tenemos que haberle explicado con anterioridad que antes de comer y de cenar hay que lavarse las manos (una consigna que en los colegios también en-

señan y que, por lo tanto, tendrá bastante clara). Y, en lugar de ordenar la acción inmediata, es mejor decirle que en cinco minutos estará
lista la cena y que, por lo tanto, tendrá que lavarse las manos. En estos
casos ayuda que le digamos que cuando pasen esos cinco minutos
volveremos a avisarle, pues el concepto del tiempo, como veremos en
la respuesta 56, es una abstracción que los niños deben comprender.

Al volver a la habitación de nuestro hijo, al que ya hemos preparado con anterioridad, anunciaremos que ha llegado el momento de
ir a lavarse las manos. Más que ordenar, nos ayudará implicarnos en
la acción desde el nosotros: «Vamos a lavarnos las manos». Si nos
hace caso a la primera, hay que poner en práctica el refuerzo positivo
para que vea que estamos contentos por ello. Y... ¿si no hace caso?

Cuando un hijo no responde a la primera, muchos padres repiten
una y otra vez lo mismo alzando el tono de voz. Así, lo único que
conseguimos es que nuestro hijo siga sin hacernos caso, pues sabe
que se lo volveremos a repetir. Lo que hacemos es recordarle con humor y calma que le hemos pedido algo. De esta manera, le forzamos
a escucharnos, a recordar y a implicarse en lo que demandamos. Si
se resiste, nos retiraremos y le anunciaremos que le quitaremos un
privilegio: un juego, un capricho, un postre.

---

55. ¿Cómo les estimulamos para que sigan las rutinas higiénicas?

Para que un hábito se consolide, hay que haberlo reforzado muchas
veces. Sin embargo, hay una tendencia generalizada a reprender al
niño por lo que hace mal y a dar por sentado que tiene que hacer las
cosas bien de buenas a primeras. De esa manera, solo primamos los
aspectos negativos, no los positivos. Si solo señalamos las veces que
no hace algo o que lo hace mal, y nunca le premiamos cuando lo

hace bien, lo más probable es que crea que lo único que nos importa son sus defectos o sus fallos.

Por eso es importante que cuando nuestro hijo lleve días haciendo las cosas a la primera, e incluso haciéndolas por sí mismo, le señalemos lo bien que lo está haciendo, para que esté convencido de que sus triunfos nos importan más que sus errores y se sienta orgulloso. <u>Reforzando de manera positiva las acciones buenas estaremos alimentando sus ganas de seguir haciendo las cosas bien y a la primera.</u>

A veces una simple frase de ánimo, que indique que estamos contentos, funciona como refuerzo positivo. También podemos utilizar ejemplos de otros niños —nunca mencionando nombres conocidos— para reforzarle; podemos decirle que estamos contentos porque aprende sus hábitos y, en cambio, el hijo de unos conocidos no. Otro método que funciona como refuerzo son los cuentos, las historias de personajes que consiguen aprender y disfrutar de esos pequeños triunfos.

---

56. ¿Es posible que adquieran un buen ritmo para vestirse, ducharse, comer...?

A muchos padres les preocupa que sus hijos sean lentos y les exigen rapidez, pero no podemos marcar ciertos ritmos a según qué edades. No podemos esperar que a los 5 años comprendan qué queremos decir cuando les avisamos de que «en cinco minutos» saldremos de casa. Los niños, antes de los 7 años, no tienen un control claro sobre el concepto del tiempo. No podemos esperar que con 4 o 5 años sepan calcular cuánto es un minuto. Sin embargo, lo que sí resulta recomendable es que recalquemos que estamos muy contentos porque ha hecho algo en un minuto, o porque se ha vestido más rápido que otros días. No sabrá medir el tiempo del que hablamos, pero irá tomando conciencia de su importancia y sabrá que ser rápido es beneficioso.

Asimismo, de la misma manera que hay adultos que son más lentos que otros, también hay niños con biorritmos diversos. Si nosotros nos vestimos con parsimonia, no podemos presionar a nuestro hijo; al apremiarlo, lo único que conseguiremos es crispar el ambiente y agobiar al pequeño, que se retrasará mucho más. Ya lo dice el refrán: «Vísteme despacio que tengo prisa».

El drama de muchos padres reside en llegar al trabajo a tiempo habiendo acompañado a su hijo al colegio. No sirve que le digamos al niño que se dé prisa porque llegamos tarde y al cabo de dos segundos volvamos a repetirle lo mismo. Debemos ser firmes en este aspecto para que comprenda la importancia del tiempo y de la puntualidad. Es aconsejable avisarle de que en cinco minutos hay que irse y que tiene que estar vestido. Si en cinco minutos no está listo, una de las opciones es salir de casa con él, esté como esté: sin peinar, sin los zapatos puestos, en pijama... La otra opción es dejarle en la habitación con el pijama puesto, decirle que tienes que irte ya y salir de casa. Al cabo de un minuto, no más, porque no estamos castigándolo sino enseñándole la importancia del tiempo, volvemos fingiendo que nos hemos olvidado algo y le decimos que, si ya está listo para ir al cole, nos podemos ir juntos. El objetivo es que el pequeño entienda que no vamos a cambiar la rutina porque él la desconozca.

Laura y la ducha interminable

Los padres de Laura se desesperaban porque su hija se duchaba con parsimonia y siempre temían llegar tarde al colegio. Sin saber cómo cambiar esa conducta, probaron un día a decirle a su hija que se había duchado muy rápido, que había tardado tres minutos menos que el

día anterior. Laura, más consciente de lo lenta que era, se sintió orgu-
llosa de haber logrado mejorar y, al día siguiente, les pidió a sus padres
que la cronometraran para ver si volvía a ser tan rápida. El refuerzo
positivo que había recibido fue un estímulo que la motivó a esforzarse.

◆

57. Enseñarle a tener sus cosas ordenadas

El orden es un concepto y un hábito primordial para el buen desarrollo de nuestro hijo. De hecho, aprender a tener nuestra habitación y nuestras cosas ordenadas nos ayuda, tanto a adultos como a
niños, a sentirnos más a gusto en nuestro espacio y a tener un orden
mental. En una casa ordenada hay más armonía y más calma.

Suele decirse que el orden es subjetivo. Es cierto que cada persona organiza las cosas a su manera y tiene un concepto propio de lo
que es una casa ordenada o una mesa de trabajo bien dispuesta. No
obstante, aunque toda opinión debe ser respetada, es necesario enseñar a nuestros hijos un concepto estándar de orden. Y para ello
somos de nuevo un ejemplo, ya que le será más fácil comprender lo
que es tener un armario ordenado si ve uno.

Tener las cosas bien dispuestas no significa seguir unos parámetros externos que marcan cómo tiene que estar distribuida una habitación o cómo hay que guardar las cosas. Se trata de mantener las
cosas en el sitio en el que vamos a encontrarlas cuando las necesite-
mos. Muchas personas dicen que tienen más facilidad para encontrar
sus cosas en el caos que en el orden. Puede ser verdad, pero nuestro
hijo no necesita caos, sino un orden que le permita tener estructura-
do el espacio exterior e interior, estar calmado y sentirse seguro.

Lo más importante para el buen desarrollo de nuestro hijo es que
tenga su espacio ordenado, porque, como hemos dicho, eso le pro-

porcionará una tranquilidad y una seguridad imprescindibles para su crecimiento y desarrollo. Debe aprender también a elegir espacios concretos para sus juguetes, para su ropa..., así como a guardarlos bien. Cuando ya le pongan deberes, fomentaremos que tenga la mesa ordenada, despejada, sin elementos que lo distraigan para el estudio.

Con todo, si un día, por las prisas o porque es una jornada especial, las cosas se quedan por en medio, no pasa nada. Pero tenemos que recordarle que eso es una excepción y que al día siguiente tendrá que ordenarlo todo. Exigencia y flexibilidad son dos fundamentos de la buena educación.

---

58. Cómo concienciarlos de sus obligaciones sin enfadarnos

Los niños aprenden pasito a pasito, nunca en un solo día. Olvidemos pedirles gran cantidad de obligaciones de golpe. Debemos esperar a que consoliden unas cuantas responsabilidades para poder sumar otras, siempre dependiendo de la edad, como hemos indicado en respuestas anteriores.

Es importante proponer a nuestros hijos responsabilidades que sean equivalentes a su edad y que tengan que ver más con ellos que con la familia o la casa. Debemos centrarnos en las obligaciones que atañen a su propia personalidad y su vida: tener ordenada su habitación, sus juguetes, su ropa, respetar los hábitos de higiene...

Cuando estén preparados, iremos introduciendo obligaciones domésticas poco a poco. Para que nuestro hijo se sienta seguro, lo que podemos hacer es pedirle que nos ayude en algo; no dejarle solo ante una tarea que no ha hecho nunca. Debemos acompañarle, enseñarle y luego, poco a poco, dejar que la haga por sí mismo, porque «ya lo sabes hacer muy bien». En el caso de las familias numerosas, es positivo que cada niño tenga una tarea asignada, pero que no sea siempre la misma, sino que vayan rotando para que no se aburran y cada uno tenga la oportunidad de aprender un poco de todo.

Al hablar de los adolescentes, la cosa se complica. Todos los padres somos conscientes de que, al llegar a esa edad, nuestros hijos van a sufrir algunos cambios. Es una etapa caótica y algo rebelde que, a menudo, se manifiesta en dejadez y en no querer cumplir con sus obligaciones. Muchos adolescentes dicen que ya tienen suficiente con los estudios como para ocuparse de otras cosas. Son excusas, y no debemos aceptarlas. Debemos mantenernos firmes y exigirles que cumplan con sus obligaciones. Nunca desde el enfado o la crítica, sino desde la comprensión, y siempre aplicando la retirada de algún privilegio si se niegan a realizar las tareas que les exigimos.

Para que los niños comprendan perfectamente lo que les pedimos y tengan las cosas claras, hay que fijar metas. Podemos utilizar una tabla en la que señalemos los días de la semana y los objetivos: hacer la cama, dejar el baño limpio después de usarlo, dejar los platos en la cocina... No debemos poner más de siete u ocho objetivos, y siempre en función de la edad del niño.

Tabla provisional (ejemplo)

Objetivos/semana	Lunes	Martes	Miércoles	Jueves	Viernes	Sábado	Domingo
Hacer la cama	x	x	—				
Dejar el baño limpio	—	x	x				
Dejar los platos en la cocina	x						
Lavarse los dientes							

El procedimiento sería el siguiente: cada día ponemos una cruz en las tareas cumplidas y una raya en las que no haya completado. Al final de la semana, sumamos los puntos y, cuando acaba el mes, vemos el resultado final. Sería interesante que con anterioridad hubiéramos calculado la puntuación que creemos que podría tener, como, por ejemplo, 200 puntos. Si los ha conseguido, le daremos un incentivo: ir al cine, ir a comer a su restaurante preferido... De esa manera, no solo mantenemos la motivación alta, sino que el niño tiene muy presente sus obligaciones y las hace de forma lúdica. También es una manera de evitar repetir una y otra vez lo que tiene que hacer. El niño será consciente de que, además, al cumplir con sus obligaciones, sus padres le incentivan, le felicitan. Y es que cuando incentivamos a nuestro hijo nos estamos asegurando de que esos hábitos se consoliden. De todos modos, la tabla no debe usarse durante mucho tiempo, como máximo uno o dos meses, para que no pierda la motivación del juego.

◆

59. ¿Cómo les explicamos qué es tener noción del tiempo?

Como ya hemos dicho antes, el concepto del tiempo es una noción muy abstracta. Un niño comprende las ideas de «lento», «rápido» o «después haremos tal cosa», pero, por ejemplo, si a un pequeño le decimos que el sábado iremos a comer a un restaurante o que en cinco minutos hay que salir de casa, no sabe calcular cuánto son cinco minutos ni cuántos días faltan para que llegue el sábado. En su momento aprenderá los días de la semana y el funcionamiento del reloj, pero hasta entonces debemos ayudarle a tomar conciencia del tiempo en general.

Una buena manera es jugar con el reloj. No es necesario que sepa que cuando el minutero recorre del 12 al número 3 significa que ha pasado un cuarto de hora, pero sí que se fije en cómo funciona. Si aún no conoce los números, podemos explicarle que cuando la aguja grande, o la pequeña, llegue a cierto punto, será el momento de recoger, o de lavarse las manos. Para facilitarle las cosas, podemos colocar una pegatina o un puntito en la hora a la que nos referimos, para que tenga una ayuda visual. El niño comprobará el reloj para saber cuánto falta. Aunque no sepa qué hora es, sí sabrá que hay una aguja que marca el paso del tiempo, y eso le permitirá ir estableciendo en su mente el lapsus temporal.

En la vida de un niño, el tiempo es importante porque define sus horarios y muchos de sus hábitos: la hora de levantarse, de ir al colegio, de comer, de cenar, de acostarse... Debemos enseñarles a nuestros hijos que cada cosa tiene su hora y que las rutinas son necesarias para mantener un orden en la vida de todos. Cuando mantenemos unos horarios anárquicos, eso se transmite a todos los aspectos de la vida del niño, y este se vuelve desordenado, impuntual y no respeta el tiempo de los demás. Por supuesto, habrá momentos excepcionales, en los que podrá saltarse esos horarios. Pero es importante que los padres destaquemos que se trata de una excepción, no de la norma.

60. Aprender a comer de todo

A la hora de comer es importante evitar los tópicos. No existe ningún argumento científico que demuestre que a los niños pequeños no les puede gustar la verdura. Lo que sí es cierto es que hay ciertos sabores y ciertas texturas a las que el paladar no está acostumbrado. Si un niño prueba por primera vez las espinacas, puede ser que no le gusten, pero no porque esté predestinado, sino porque nunca las ha probado y su sabor le resulta extraño. El paladar, como muchas otras cosas, se educa a medida que el niño va creciendo. Y nosotros podemos ayudar en esa educación.

Para enseñar a comer de todo, lo primero es asumir que su paladar no se va a acostumbrar a las novedades desde el primer día; hay que probar e insistir, como ensayo y error. Una buena estrategia es darle a probar poquitas cantidades de los nuevos alimentos y siempre alternarlos con platos que sepamos que le gustan, para que la hora de la comida no se convierta en una lucha o una tortura. Debemos cambiar el «Tienes que comer esto porque lo digo yo» por el «¡Esto está muy bueno! ¡Qué suerte que puedas probarlo!», y aprender que, a veces, es necesario incentivarle y decirle que si se come eso, luego le leeremos un cuento o podrá tomarse un postre de los que le gustan.

Cuando nuestro pequeño pasa de tomar el biberón a comer papilla, o de la papilla a los alimentos sólidos, sucede lo mismo que con los alimentos nuevos. No podemos hacer el cambio de manera drástica, ya que lo importante es que se acostumbre a las nuevas texturas y los nuevos sabores, no obligarle a que coma. Por eso, durante las primeras semanas del cambio, hay que darle un poco de papilla y biberón, e ir aumentando la cantidad de papilla y disminuyendo la de biberón paulatinamente, hasta que se acostumbre a la papilla. Lo mismo ocurre con el paso de papilla a sólido.

En el proceso de aprendizaje y educación de su paladar, nuestro hijo probablemente demuestre un rechazo absoluto a este o aquel alimento. Descartada una alergia o una intolerancia, lo que tampoco debemos hacer es torturarle y obligarle a comer espinacas todos los días hasta que le gusten, porque lo único que conseguiremos será que las aborrezca. Lo que sí debemos enseñarle es que, a pesar de no gustarle un alimento, a veces se encontrará en situaciones donde no tendrá más remedio que comérselo, como, por ejemplo, cuando un amigo lo invite a su casa. Para que no sienta que es otra obligación que le imponemos, puede ayudar que le expliquemos que eso es algo que les pasa a muchos adultos, y que hay que aprender que, en ocasiones, tenemos que hacer el esfuerzo porque esa comida la ha preparado alguien que nos aprecia.

◆

61. Fórmulas para que disfruten con los alimentos

Para empezar, <u>tenemos que convertir las comidas en un momento agradable, un momento en el que estemos por ellos, hablemos con ellos</u>. Eso implica comer sin televisión, para fortalecer los lazos familiares y centrarnos en la comida, en lo que estamos comiendo, y disfrutarlo. Es estupendo que comprendan que el hecho de comer es algo bonito, es una ocasión ideal para comunicarse, un espacio en el que disfrutar y compartir, y eso, en gran parte, dependerá de nosotros. No podemos hacer del momento de las comidas un espacio en el que les repetimos una y otra vez «Come y calla». Hay que disfrutar de la comida, no convertir esa rutina en una lucha y un suplicio.

Que disfrute de la comida tampoco es sinónimo de que coma exclusivamente lo que le gusta. Si a nuestro hijo solo le gustan los espaguetis y la hamburguesa, no puede comer todos los días eso, porque no sería sano. No debemos perder de vista que necesita una dieta equilibrada. Hay una gran variedad de alimentos, y es importante que vayamos variando para que el niño se acostumbre a todo. La comida puede ser un juego divertido con el que descubrir cosas.

La máxima de que si a nosotros no nos gusta algo, a ellos tampoco, o a la inversa, no es cierta. No podemos privar a nuestro hijo de ciertos alimentos porque a nosotros no nos gusten, de la misma manera que no podemos obligarle a comer ciertas cosas por el mero hecho de que a nosotros nos gustan. Aunque a nosotros nos encanten los caracoles, no podemos pretender que a nuestro hijo de 4 años le gusten. Podemos dárselos a probar, pero si no le gustan, no pasa nada; hay muchos otros alimentos que puede comer sin sufrir.

Algunos padres y cuidadores creen que cuando un niño no quiere comer algo y se pone a llorar o le dan arcadas, lo hace para llamar la atención. En unos casos es posible, sobre todo si son niños que utilizan el método del llanto para conseguir lo que quieren. Pero en otros casos, no. Si no soportan la textura de un yogur, por ejemplo, pueden tener ganas de vomitar. Si solo existiera el yogur como aportación de calcio, sería lógico insistir, pero siempre desde el cariño, no desde la obligación. Pero hay otras fuentes de calcio, así que ¿para qué hacerle sufrir gratuitamente?

Si se queja por norma, hay que seguir con la pauta y hacer que lo pruebe todo, siempre en pequeñas cantidades y sin presión. Pero si ese rechazo solo se da con un alimento, como el yogur, habiendo otras opciones como el queso o la leche, es absurdo obligarle a que se lo coma a la fuerza, pues de ese modo estamos potenciando que acabe por detestar ese alimento.

◆

62. Ayudarles a organizar su tiempo para el estudio

Saber organizarse el tiempo para los estudios no es importante hasta que empiezan a llegar los primeros deberes, normalmente a los 7 u 8 años de edad. Sin embargo, teniendo en cuenta que los niños van aprendiendo los hábitos poco a poco, es interesante preparar ese espacio de estudio desde que son pequeños —como a los 4 o 5 años—, aunque no tengan deberes. ¿Cómo? Acostumbrándoles a que, durante un ratito, vayan a su habitación, se sienten a su mesa y dibujen un poco, miren cuentos o hagan collages. Ese momento de «deberes» no es una obligación, pero si les animamos, asumirán el hábito y sabrán que existe un espacio y un tiempo que dedican a hacer sus cosas. Así, con los primeros deberes y el primer uso de su agenda, ya se habrán acostumbrado y sabrán que ese es su momento de estudio.

Es básico que marquemos un tiempo de estudio que les permita tener tiempo para hacer otras cosas. Si nuestro hijo tiene cuatro horas libres por la tarde, no es bueno que las dedique exclusivamente al estudio. Pactemos con ellos cuánto tiempo creen que necesitarán para hacer las sumas o las restas o para leer un capítulo: diez minutos, pues diez minutos; media hora, pues media hora. Debemos intentar que el tiempo de estudio sea el menor posible; si lo dilatamos, el niño desconectará y no hará sus tareas. El cerebro no puede estar tantas horas concentrado en lo mismo, sobre todo a esas edades. Incluso en el caso de los estudiantes de bachillerato no es sano que pasen tantas horas estudiando. Si durante sus años de estudio han aprendido el hábito correcto de estudio, tampoco necesitarán tantas. Además, su mente necesita tiempo libre para dedicarse a otras actividades: hobbies, jugar, leer, practicar un deporte e, incluso, no hacer nada, que también es sano.

Para aprovechar bien el tiempo de estudio, es importante que nuestros hijos:

- Tengan la habitación y la mesa de estudio ordenadas para evitar distracciones.

- Tengan la agenda siempre preparada para saber lo que tienen que hacer.

- Empiecen siempre por las tareas más complejas, porque es cuando la mente está más despejada y menos cansada, y dejen las tareas menos exigentes, como dibujar o buscar información, para el final.

Julia se distingue por voluntariosa

Llegó a la consulta una niña muy alegre, positiva y bondadosa, que se esforzaba mucho en hacer sus deberes y estudiar, pero que no lograba los resultados esperados.

Al hablar con Julia entendí que le fallaba algo esencial: para ella estudiar era memorizar y, por lo tanto, no asimilaba lo que leía. Al mecanizar el aprendizaje de manera muy superficial, no lograba consolidar los conocimientos. Eso explicaba su bajo rendimiento, por muchas horas que le pusiera al estudio. No le cundía.

Derivé a Julia a un centro especializado en técnicas de estudio, donde tuvo un monitor que le explicó cómo proceder para asimilar los conocimientos. Aprendió el proceso de análisis y el de síntesis, a hacer esquemas para resumir los conceptos básicos. La memorización se limitaba a estos últimos, de modo que la niña pudiera reconstruir el texto a partir de ellos.

Un consejo que le di fue que empezara los deberes en casa haciendo ejercicios y problemas; a continuación, todo lo que fuera estudiar y memorizar; por último, lo que es manual: dibujar un mapa, pintar, recortar, etc. Incluso pasar unos apuntes a limpio o poner en orden su carpeta. Todas estas tareas entrarían en esta tercera fase.

Otra recomendación que siguió fue, antes de cada sesión, hacer un balance de las tareas pendientes. En función de las horas que tuviera a su disposición, la animé a priorizar las más importantes, siempre una detrás de otra. Lógicamente, se trataba de empezar por la asignatura que le costaba más, o la que requería por su parte una atención más inmediata, por ejemplo, porque tenía un examen. Pautar el tiempo y establecer prioridades le ayudó a mejorar el rendimiento.

63. ¿Les podemos motivar para que acaben sus tareas escolares?

Sí, si nos involucramos en esa parte de su realidad. ¿Qué significa vincularse con ellos? Pues que <u>no debemos mandar que hagan los deberes para deshacernos de ellos, sino interesarnos por sus tareas, hacer un seguimiento y felicitarles por las cosas que consiguen</u>.

Tampoco debemos confundir mostrar interés por sus tareas con estar todo el rato encima de ellos o con hacerles los deberes. No es aconsejable que nos sentemos al lado de nuestro hijo durante todo el tiempo de estudio —él necesita ir desarrollando la autonomía para hacer las cosas solo y así aprenderá más—, pero eso tampoco significa que tengamos que quedarnos completamente al margen. No podemos dejarle solo, con la puerta cerrada, como si no nos importara nada. Se trata de encontrar un equilibrio. Debemos estar allí, dándole ánimos, demostrando que nos interesa lo que hace, pero no debemos, bajo ningún concepto, hacer los deberes por él. Ayudarle en algún momento puntual o estar más con él cuando realmente lo necesita es correcto, pero no eximirle de sus responsabilidades.

Otro aspecto interesante en lo referente a los estudios de nuestros hijos es que hay que aprender a valorar el esfuerzo y no tanto la nota final. Muchos padres se obsesionan con las calificaciones, pero no podemos quedarnos únicamente en eso; no podemos exigir que saquen excelentes sin considerar el sacrificio que puede suponer para ellos sacar un bien. Cada persona tiene unas habilidades más centradas en un área cerebral que en la otra y, por lo tanto, no deberíamos esperar la excelencia en todo, porque lo que hay que valorar es el esfuerzo. Nuestros hijos son buenos en función del esfuerzo que hacen: habrá niños que tendrán gran facilidad para el estudio, y niños que necesitarán esmerarse mucho para sacar un 6. Y tanto unos como otros merecen ser felicitados por su esfuerzo.

La gráfica «Rueda del esfuerzo» muestra perfectamente cómo funciona el mecanismo de motivación y esfuerzo. Para conseguir satisfacción personal normalmente debemos esmerarnos, ya que por lo general no hay nada que sea fácil a la primera.

Si nos esforzamos, conseguimos el objetivo, un buen resultado, y eso genera una satisfacción personal que afecta a nuestra motivación; esa motivación alta guiada por el buen resultado hace que tengamos ganas de esforzarnos más.

Al igual que esta rueda nos explica el funcionamiento en sentido positivo, también puede servirnos para comprender el efecto negativo: si no hacemos las cosas con empeño, el resultado es bajo y, por lo tanto, no conseguimos satisfacción personal, por lo que la motivación baja y tenemos menos ganas de esforzarnos, porque cuanto más desmotivados estamos, menos capacidad de esfuerzo tendremos.

¿Pol hace sus deberes?

Pol era un niño que a los 8 años sacaba excelentes en todas las asignaturas. Pero, de repente, un día le hicieron un examen sorpresa en el colegio y sacó un 3. Sus padres se alarmaron pensando que quizá su hijo no era tan listo como creían y decidieron traerlo a la consulta. Indagando, descubrimos que la madre, que era maestra, se sentaba todas las tardes con su hijo para hacer los deberes. De esa manera, impedía que su hijo desarrollara la autonomía necesaria para llevar a cabo un buen aprendizaje e impedía que pudiera comprender las cosas por él mismo. Si no se preparaba los temas con su madre, no los entendía; por eso había suspendido ese examen sorpresa.

¿Qué hay que hacer en estos casos? Aplicar lo que acabamos de comentar: no debemos estar a su lado todo el rato, sino dejar que nuestro hijo haga los deberes solo y entrar de vez en cuando a su habitación. Si nos dice que no entiende algo, animarle a que lo lea de nuevo, preguntarle qué cree que significa la pregunta. Se trata de que le demos pequeñas ayudas y nos retiremos enseguida para que haga el esfuerzo él, para que su autonomía vaya creciendo. Por supuesto, las notas de Pol bajaron, pero por primera vez sus resultados dependían de él y de su esfuerzo.

Jan, un caso de pasotismo

Por mi consulta pasó un caso extremo de apatía. Aunque Jan era un niño muy simpático, era tal su grado de desmotivación que ni siquiera tenía fuerzas para ver la tele. Solo quería comer su enorme bocadillo y pasarse el día tumbado en el sofá, sin hacer nada, mirando las musarañas.

Era un chico con problemas de sobrepeso que no hacía nunca los deberes, aunque siempre tenía intención de hacerlos. Mientras se entregaba a sus ensoñaciones y a la modorra, cuando los padres le preguntaban por sus tareas, siempre respondía: «Ya las haré después». Era lo que técnicamente se llama un procrastinador, es decir, una persona que todo lo deja para más tarde.

Los padres se enfadaban mucho cuando, al volver del trabajo, se encontraban al chico durmiendo en el sofá. Ambos progenitores eran personas con trabajos agotadores y no entendían que su hijo no hiciera absolutamente nada. Uno de los problemas era que en casa el niño escuchaba muy a menudo la frase: «Estamos cansados», con lo que acababa contagiándose de ese tono vital bajo.

Hasta el inicio de la terapia, los padres de Jan se habían limitado a reñirle, cuando lo que él necesitaba era motivación. La pesada inercia en la que estaba sumido le hacía incluso llegar tarde a la escuela. Una vez en clase, se defendía de su bajo rendimiento adoptando el papel de payaso. Finalmente, los padres lo cambiaron de escuela.

Lo primero que recomendé a Jan cuando empezó a acudir a la consulta fue que dejara de adoptar el rol de bufón, porque, aunque a corto plazo se ganara las risas de sus compañeros, a la larga no obtendría su respeto. Y mucho menos el de los profesores, que lo suspendían constantemente.

Luego le propuse medidas concretas para que organizara su tiempo. Una vez en marcha, demostró ser un chico inteligente con capacidad para resolver bien sus tareas. Le marqué objetivos a muy corto plazo para que tuviera la satisfacción de los resultados, con lo que ganó en autoestima y motivación.

64. Qué hacer para que adquieran autonomía en sus responsabilidades escolares

Cuando hablamos de responsabilidades escolares no solo nos referimos a los deberes, sino a que es necesario que nuestro hijo sepa, por ejemplo, qué tiene que preparar para el día siguiente, hacerse la mochila o qué asignaturas tiene cada día de la semana.

Como ocurre con otras responsabilidades y hábitos, no podemos pretender ni perdirle que las cumpla todas desde el primer día y sin vacilar. Debemos plantear tres o cuatro objetivos prioritarios como máximo, prepararle para ellos y, durante unos días, iremos preguntándole, animándole a que sea él el que se acuerde de qué tiene que preparar o qué tiene que hacer para el cole. De esa manera, nosotros solo le motivamos a recordar; y él se hace responsable de sus cosas.

Además, si cada día por la mañana le preguntamos, antes de ir al colegio, si lo tiene todo preparado, si sabe lo que tiene que meter en la mochila, en el momento en que él nos conteste, podremos ejercer el refuerzo positivo: felicitarle por haberse acordado. No debemos presionarle ni enfadarnos con él ni decirle que es un desastre por no acordarse a la primera de lo que tiene que hacer. Hay que ayudarle a recordar, darle las herramientas necesarias para que tome conciencia de ello y sea capaz de hacerlo. Si no nos centramos en los defectos, sino que le acompañamos durante el proceso, alimentaremos su motivación y conseguiremos que se sienta capaz.

En cuanto a los deberes como responsabilidades escolares, los padres debemos tener dos ideas muy claras. Tenemos que preocuparnos por el espacio: es importante contar con un entorno correcto para poder trabajar, es decir, una habitación ordenada, una mesa limpia y unos utensilios adecuados. Por otro lado, debemos conseguir que se haga responsable de sus materiales, de la agenda y de saber qué deberes tocan. Tenemos que estar cerca y a la vez potenciar que sea autónomo.

Gerardo y el problema de ser dependiente

Gerardo es un niño que vive con sus padres en un dúplex. En una sola tarde era capaz de hacer subir a su madre al piso de arriba unas veinte veces mientras él hacía deberes.

La madre me explicó que el niño durmió con ella durante mucho tiempo porque lloraba por la noche, tenía miedo, etc. El padre es un hombre muy simpático, pero poco implicado en la educación de su hijo. Gerardo creció como un niño muy dependiente y mimado, con poca autonomía.

Expliqué al padre que debía implicarse más, mostrar un trato más *masculino* hacia su hijo. Cuando un niño tiene mucha dependencia de su madre, desarrolla excesivamente la parte femenina y llega a copiar la forma de hablar, expresarse y moverse de su madre.

Por esta razón, pedí a la madre que se distanciara en cierta medida de su hijo. Este empezó a volver solo del colegio, a prepararse él mismo el bocadillo y a revisar lo que le hacía falta antes de subir a la planta de arriba para hacer los deberes. Creamos una pauta de distanciamiento en conductas que él podía hacer solo, pero con implicación de los padres a nivel afectivo. Por ejemplo, el niño hacía los deberes solo, pero al final los repasaban entre todos o simplemente los padres le preguntaban qué tal le habían ido.

Dicen que Linda es demasiado inquieta

A mi consulta llegó una madre preocupada por su hija porque, cuando ella no estaba sentada a su lado haciendo los deberes, no paraba de levantarse: iba al lavabo, a beber agua, a buscar una muñeca... No se estaba nunca quieta. La madre tenía que estar siempre encima insistiendo: «Vamos, Linda, no te distraigas... Linda, ahora tienes que hacer el ejercicio número dos...».

Cuando la madre se alejaba del escritorio de la niña, no había manera. Al parecer, en clase tenía el mismo problema: se levantaba constantemente, distraía a sus compañeros, se quitaba los zapatos...

Elaboré para ella un conjunto de estrategias muy acotadas para que pudiera gestionar mejor su tiempo. Dividimos las actividades en espacios de diez minutos, que era el tiempo máximo que al principio la niña era capaz de concentrarse. Después de cada esfuerzo le daba un par de minutos para que se desfogara y volviera acto seguido al trabajo. Con el tiempo fue ganando más resistencia a la distracción y más paciencia.

Paralelamente, hablamos con sus maestros para que estuvieran al corriente del caso y no se limitaran a expulsar a la niña de clase. En estos casos, es preferible encomendarle una tarea: repartir folios, ir a buscar una grapadora, cualquier cosa que dé una utilidad a su necesidad de movimiento.

65. Modos de establecer un buen hábito del sueño

Ya sabemos que durante los primeros meses de la vida de un niño, el sueño ocupará muchas horas de su día a día. Eso es lo normal. A medida que pasan los meses, está más horas despierto y duerme pequeñas siestas después de cada comida. Algunos estudios afirman que, a partir del sexto o séptimo mes de edad, el cerebro del niño se empieza a ajustar al reloj biológico que rige las horas de sueño y que nos hace dormir de noche y estar despiertos de día. Es a partir de ese momento cuando tendremos que empezar a enseñarle un buen hábito de sueño. Porque de la misma manera que inculcamos los hábitos de higiene, podemos enseñar un buen hábito de sueño: dormir es un hábito. Es cierto que todos sabemos dormir, pero no todos dormimos bien; eso se aprende.

Para establecer un buen hábito de sueño es necesario que creemos una rutina previa al momento de acostarse, de manera que cada noche suceda lo mismo y, por lo tanto, nuestro pequeño asocie ese ritual con la hora de dormir. Por ejemplo, cuando son pequeños, el baño es uno de los elementos que podemos asociar siempre al ritual previo a dormir; después está la cena y, dependiendo de la edad, lavarse los dientes para luego ir a la cama. Siempre en el mismo orden, siempre a la misma hora y siempre utilizando los mismos elementos externos. No podemos pretender que nuestro hijo duerma un día en la cuna, otro día en nuestra cama, otro en el sofá y otro en el cochecito, porque eso le genera un caos. De la misma manera que el mensaje que queremos transmitir en el terreno de los hábitos higiénicos o las responsabilidades escolares tiene que ser claro, aquí el mensaje también tiene que ser claro y debe reflejarse en los elementos externos: la habitación, la cama, los peluches, el chupete... Si los elementos siempre son los mismos, le ayudaremos a que asocie todo eso a la hora de dormir y, de esa manera, se sentirá más seguro e irá aprendiendo un buen hábito de sueño.

Otro elemento necesario para empezar a aplicar un buen hábito de sueño es la actitud de los padres. Nuestro hijo pequeño siente lo que nosotros sentimos; si estamos tranquilos y seguros, él también se sentirá así. Si para nosotros la hora de ir a dormir es un drama, probablemente para él también lo será. Vivámoslo con naturalidad, creemos una rutina en la que participemos todos para que el pequeño asocie los rituales y los elementos externos a dormir.

66. ¿Cuál es la mejor manera de que sean autónomos para dormir?

Enseñamos para que nuestro hijo sea autónomo y aprenda a hacer los deberes, a hacerse la cama o a lavarse los dientes él solito, y eso también funciona para que sea autónomo a la hora de dormir. Para conseguirlo, es imprescindible que no le ayudemos a dormirse. Esto no quiere decir que lo dejemos en la cuna sin más, o lo mandemos a la cama sin darle un beso de buenas noches, ir a arroparle o contarle un cuento, sino que no dependa de nosotros para conciliar el sueño.

Cuando nuestro pequeño se acostumbra a dormir exclusivamente en brazos, o en la sillita dando un paseo, o sosteniendo la mano de su madre, en el momento en que lo devolvamos a la cuna o le soltemos la mano, notará el cambio, se despertará y sabrá que los elementos que lo acompañan en el sueño no están allí. Lo normal es que se ponga a llorar porque se asusta. Esos elementos externos deben estar al alcance de su mano sin necesidad de que estemos nosotros. Por supuesto, cuando es muy pequeño y se le cae el chupete, no podemos esperar que lo encuentre él solo y se lo ponga. Pero cuando sea más mayor sí podrá encontrarlo, por lo que, si está acostumbrado a dormir solo, simplemente lo buscará, se lo pondrá y seguirá durmiendo.

Entre los rituales previos al sueño podemos establecer la lectura de un cuento o cantar una canción. Tras ese ritual, se dan las buenas noches, se apaga la luz y nuestro hijo debe ser capaz de dormir por sí mismo. Cuando crezca, quizá sea él quien lea el cuento; si duerme con su hermano, tal vez hablen un poco antes de dormir. Pero el hecho será que se dormirá sin necesidad de que los padres estén presentes.

Si nuestro hijo llora, debemos acudir, pero siempre con tranquilidad. Los motivos por los que se despierta pueden ser diversos:

puede ser que haya tenido una pesadilla, que se haya desorientado y no encuentre lo que esperaba encontrar, o que quiera reclamar nuestra presencia. Sea por el motivo que sea, es importante que vayamos a su habitación tranquilos. Si vamos nerviosos, alterados o gritando, se pondrá más nervioso. Tenemos que tranquilizarle, decirle que no ha pasado nada y dejar que duerma otra vez. Si lo que quiere es que nos quedemos, debemos mantenernos firmes. Es una pauta más. Un hábito que debe aprender y, por lo tanto, debe comprender que no vamos a cambiar el modelo porque él quiera. Simplemente, le explicaremos que ahora toca dormir, que nosotros no podemos quedarnos, que tiene todas sus cosas cerca y saldremos de la habitación.

No es que lo dejemos llorando hasta que caiga rendido: no estamos castigándole, sino enseñándole un hábito necesario. Por eso no debemos dejar que piense que lo hemos castigado o abandonado, pero tampoco podemos transigir y quedarnos con él toda la noche. Hay que encontrar el punto medio.

◆

67. ¿Y si tienen miedo a la oscuridad?

El miedo a la oscuridad puede aparecer por diversas causas. A menudo, en el entorno de nuestro hijo (escuela, actividades escolares...) es posible que se cuenten relatos de terror en los que, casi siempre, algo se esconde en la oscuridad. Eso puede hacer que el niño se quede pensando en esa historia y le provoque pesadillas. Lo mismo puede ocurrir si ve ciertos programas en la televisión, por lo que es siempre aconsejable controlar lo que ve y estar a su lado por si necesita comentar la serie o la película que acaba de ver.

Otra de las causas del miedo a la oscuridad puede deberse a que nuestro hijo se ha acostumbrado a <u>dormir con la luz encendida</u> y, de repente, hemos decidido apagarla porque creemos que ya tiene edad de entender que nada puede ocurrirle. Sin embargo, es normal que, si la luz formaba parte de su ritual del sueño, al despertar y ver que no está, se asuste. El primer error en este caso es haber dejado la luz encendida desde un principio, porque es básico que nuestro hijo asocie la oscuridad a la hora de dormir.

En cuanto a las <u>pesadillas</u>, lo mejor que podemos hacer es entrar en la habitación y tranquilizar a nuestro hijo. Si queremos conseguir que se calme, no podemos decirle que es una tontería pensar que hay monstruos o que es un miedoso y un quejica; eso sería contraproducente y probablemente solo serviría para que nosotros nos desfogáramos por habernos despertado en plena noche. Para calmarlo, debemos hablarle con voz suave, explicarle que no ha ocurrido nada, que ha tenido un sueño y que ya ha pasado, darle las buenas noches y salir de la habitación. Es mejor no dejarle la luz encendida para que no tenga miedo.

Ante el miedo a la oscuridad, conviene tener la seguridad de que nuestro hijo no sufre ningún problema psicológico que pueda expresarse en forma de miedo. Una vez hayamos descartado ese miedo patológico, empezaremos a reeducar el hábito para dormir y evitaremos los elementos que puedan alterar su sueño, como videojuegos violentos, programas de televisión inadecuados o historias de terror. La hora antes de ir a dormir tiene que ser relajante.

◆

68. Cómo gestionar cuando no quieren dormir solos

La base de un buen hábito de sueño es conseguir que nuestro hijo aprenda a dormir solo, que sea autónomo a la hora de dormir. Pero a muchos padres les cuesta dejar a su hijo durmiendo solo en la habitación, y a muchos niños les gusta dormir con sus padres porque les aporta seguridad, están acompañados, saben que tienen a alguien al lado. Eso es un problema. Alargar esa costumbre afecta al desarrollo del niño y a la relación de pareja, ya que en algunos casos uno de los padres abandona la cama para dejar que su hijo duerma allí.

Es habitual que, si no se ha establecido un buen hábito del sueño, nuestro hijo se levante por las noches y decida aparecer en nuestra habitación, para dormir en la cama de papá y mamá. Si no lo consigue, llora, y es en ese momento cuando muchos padres ceden y dejan que su hijo duerma esa noche con ellos. Y una noche se convierte en dos, y luego en tres y así sucesivamente. Y ese es el error. Si queremos enseñar a nuestro hijo a dormir solo, debemos mantenernos firmes en esa decisión y dejarle claro el mensaje. De la misma manera que si le dijéramos cada día que se lavara los dientes con un utensilio diferente, el niño acabaría confundido; con las rutinas del sueño pasa lo mismo. Si queremos que duerma en su cama, debemos explicárselo y no ceder.

Para intentar reeducar a nuestro hijo en el hábito de dormir solo, es importante que su habitación sea acogedora, que tenga todos los elementos externos habituales en su cama y que le expliquemos, en un tono agradable —nunca alzando la voz, aunque llore—, que esa es su cama y que debe dormir allí, con sus cosas. Después de esta explicación, bajaremos las persianas y saldremos. Probablemente se ponga a llorar o se levante y vaya a vernos llorando a nuestra habitación o al salón, para que estemos por él. Si ve que haciendo esto le hacemos caso, utilizará constantemente esta estrategia, pues lo que él quiere, al fin y al cabo, es que nosotros estemos con él.

Lo que debemos hacer en estos casos es entrar en su habitación a intervalos de tiempo, pero no para ordenarle que se calle ni para sentarnos junto a él hasta que se duerma (eso sería volver al punto cero), sino para darle confianza, para demostrarle que estamos cerca pero que no podemos ceder ante sus exigencias porque hemos decidido que debe dormir solo y no vamos a cambiar el patrón aunque él se ponga a llorar. Recordemos que no estamos castigando, sino reeducando, y por eso es importante que estemos allí pero no demos nuestro brazo a torcer: que sepa que no lo hemos abandonado.

Puede ser bueno que, durante los primeros días, practiquemos el refuerzo positivo cada vez que duerma solo toda la noche, para que vea que estamos contentos, que valoramos su esfuerzo y así motivarle a seguir haciéndolo.

———◆———

69. Se han acostumbrado a dormirse con la tele, ¿ahora qué?

Acostumbrarse a dormirse con la tele no es algo que les ocurra únicamente a los niños. Muchos adultos lo hacen; se supone que el zumbido del televisor o la voz de fondo les ayudan a conciliar el sueño. Muchos de estos adultos, en el momento en que apagamos la tele, se despiertan, sobresaltados, porque el elemento que acompaña su sueño ha desaparecido. Es normal que un niño que se haya acostumbrado a dormir con la tele se despierte si la apagamos o si lo trasladamos a su habitación.

Ver la tele no es malo, pero puede llegar a serlo si se hace a horas que no toca o crea dependencia. Si un niño se queda dormido en el sofá del salón porque sus padres quieren estar un rato más con él, ese niño se acostumbrará a dormir con la televisión de fondo. Y eso, por sí mismo, ya es un mal hábito de sueño.

Para romper con este mal hábito, tendremos que reeducar a nuestro hijo siguiendo los mismos pasos que si se hubiese acostumbrado a dormir en la cama con papá y mamá: habrá que volver a empezar desde cero y enseñar los hábitos que queremos que adopte. De hecho, hay que iniciar de nuevo los rituales, escoger los elementos externos que van a acompañarlo en sus sueños y pautar unos horarios. Debemos eliminar el sonido del televisor como elemento externo; es incluso recomendable que durante la cena el televisor esté apagado para que nuestro hijo no vuelva a asociar la hora de dormir con la televisión. Ese aparato no se encenderá delante de él después del baño, porque ya no forma parte del ritual, y no puede estar presente durante la cena porque confundiría a nuestro hijo. Debemos ser firmes y debemos ser consecuentes con las pautas que queremos transmitirle.

---

70. ¿Qué hacemos si retrasan la hora de dormir por estar jugando con dispositivos electrónicos?

El problema con la falta de sueño debido a los videojuegos o al ordenador en general se da, sobre todo, a partir de la preadolescencia y, sobre todo, durante la adolescencia. En esta época, nuestros hijos quieren tener mayor libertad en sus horarios y mayor privacidad. La necesidad de autoafirmarse hace que, en muchas ocasiones, nuestro hijo adolescente rechace de forma sistemática los hábitos y las normas que le hemos transmitido a lo largo de la infancia.

Actualmente, son muchos los adolescentes que tienen un ordenador con acceso a internet o una videoconsola en la habitación, ese lugar que se ha convertido para ellos en un santuario de su intimidad y en el que se encierran con consentimiento de los padres. Allí pueden chatear, jugar a videojuegos, ver vídeos... hasta la hora que quieran. Porque otra característica común entre los adolescentes es su desprecio hacia el sueño; para ellos dormir es una pérdida de tiempo comparado con jugar con dispositivos electrónicos o mandarse mensajes por WhatsApp. Lo que ellos no saben es que, cuanto menos duermen, más cansados están y menos rinden en la escuela.

Uno de los problemas principales de este hábito no es tanto el hecho de dejar que estén en su habitación —necesitan tener su espacio, aunque también hay que acotarlo—, sino el permitir que tengan un ordenador u otros dispositivos en su cuarto. <u>Una de las normas básicas para disfrutar de un buen descanso es evitar esa clase de aparatos en el dormitorio</u>. Es mejor tener el ordenador y la tele en un espacio común, como el salón, para impedir que se queden enganchados a internet.

Si eso no es posible y el ordenador está en su habitación, pactaremos con nuestro hijo unos hábitos y él deberá cumplirlos, porque, por muy mayor que él se crea que es, sigue siendo menor y debe respetar las normas que le hemos pedido. De hecho, ya las conoce, pero se niega a cumplirlas, por lo que habrá que recordárselas. Y si no las respeta, debemos actuar como en otros casos: privarle de un privilegio para que comprenda que nos mantenemos firmes en nuestra decisión y que no vamos a permitir que, por jugar al ordenador, no duerma. El descanso es imprescindible para el desarrollo personal y mental de nuestro hijo.

◆

71. Nos gustaría que se levantasen solos a la hora indicada

La lucha de muchos padres es conseguir que sus hijos sigan unos horarios: que se levanten a la hora indicada, se vistan a buen ritmo y se vayan a dormir a su hora. De hecho, el verdadero quid de la cuestión es que durante los fines de semana no se levanten a la hora indicada, sino que duerman más tiempo, para que puedan descansar.

En algunos casos, cuando los niños más pequeños se despiertan a las seis o las siete de la mañana de un sábado o un domingo, y ven que ya ha salido el sol y entra luz por la ventana, consideran que es hora de levantarse. Es normal: asocian la oscuridad con la hora de irse a dormir y la luz, con la de salir de la cama. Les podemos explicar que todavía queda un rato para levantarse, pero ellos nos contestarán que ya es de día y que, por lo tanto, hay que levantarse. Normal.

Cuando nuestro hijo es pequeño, podemos dejarle alguna sorpresa al pie de la cuna o de la cama para que se distraiga un ratito más. A partir de los 3 o 4 años, se puede utilizar un truco para que se quede más tiempo en la cama o en su habitación. Podemos comprar un reloj, poner una pegatina que marque la hora a la que queremos que se levante y explicarle que, hasta que la aguja grande no llegue a esa pegatina, no puede salir de la habitación. Para que sepa que eso solo lo haremos los fines de semana, iremos marcando los días en un calendario que tendrá en su dormitorio, y marcaremos el sábado y el domingo con otro color para que sea consciente de que son días diferentes. El viernes le anunciaremos que al día siguiente es sábado y que, por lo tanto, podrá quedarse más rato en la cama y en su habitación antes de despertarnos. Porque el fin de semana será nuestro hijo el responsable de despertarnos, una novedad que le motivará.

Para que esta propuesta funcione, tenemos que ofrecerle algo que sea tentador y que le motive a quedarse en la habitación: un juguete especial, unas hojas de papel y unos lapices de colores, un libro de cuentos que le guste o que haya escogido...; de esta manera también empezará a aprender a jugar solo y a disfrutar de esa soledad. También podemos dejarle algunas galletas por si acaso.

El primer día, tal vez se despierte, se coma las galletas y a los cinco minutos esté en nuestra habitación preguntando si ya puede despertarnos. Debemos hacer como a la hora de dormir: acompañarlo a su habitación, enseñarle que la aguja todavía no ha llegado a la pegatina y que tiene que esperar. Si lo hace, debemos reforzarlo positivamente, ya que ha sido un esfuerzo para él; de este modo, le motivaremos a que siga intentándolo.

PARA RECORDAR...

Nuestras rutinas son las suyas

- Los hábitos para comer y dormir son los grandes ejes de la salud y de la estabilidad de nuestros hijos. Debemos esforzarnos en fijarlos y reeducarlos las veces que sea necesario.
- La adolescencia es, en este sentido, una fase en la que todo lo aprendido en la infancia se tiene que recordar y reenseñar.
- El hábito de estudio está íntimamente conectado con el orden y con la organización del tiempo para aprender y también para disfrutar.
- Para establecer hábitos, la palabra clave es «ritual»: a cada rutina asociamos unos elementos externos reconocibles por el niño y que funcionan como señales de que tiene que poner en marcha ese hábito.

SOBRE COMPORTAMIENTO:
rabietas, negativas, desplantes, insultos, agresividad, pasotismo...

Una de las frases más habituales entre los padres al hablar de sus hijos cuando se portan mal es «Con mi hijo no hay manera». Pues no, sí hay manera. Lo que ocurre es que es mucho más fácil culpabilizar al niño que preguntarse qué parte de responsabilidad podemos tener nosotros. Si no le damos unas pautas claras, si las cambiamos constantemente y lo único que hacemos es reñirle y presionarle porque no hace lo que le decimos, el niño se sentirá perdido y no tendrá claro qué debe hacer ni qué harán sus padres. Si nos comunicamos correctamente, será mucho más fácil hablar con nuestro hijo a la hora de comentarle su mala conducta. Y para eso debemos dejar de lado el desprecio y el enfado, transmitir que queremos que mejore un aspecto de su comportamiento, y darle las herramientas necesarias para que sepa hacerlo.

La conducta es un aprendizaje y, como tal, es modificable. Por supuesto, hay aspectos genéticos, hereditarios, que hacen que nuestro hijo tenga más propensión a ser movido, a ser tímido... Esos aspectos no son modificables, por lo que no podemos recriminarle constantemente que sea de esa manera, de lo contrario conseguiríamos que creyera que ser así es malo. Si, en cambio, le explicamos que es un niño movido, que hay muchos niños que son así y que simplemente necesita otro tipo de actividad y relajación que el resto, y que eso no es algo negativo, podrá desconectar y los nervios menguarán.

Partiendo de esa base, para ayudar a nuestro hijo a desaprender una conducta mal aprendida y asimilarla de nuevo, es preciso seguir unos pasos. Ante todo, debemos comprobar lo que está pasando, analizar la conducta y los efectos que tiene en él: nervios, desorden, desobediencia, malas respuestas... Tras analizar ese comportamiento, en lugar de destacar lo negativo, deberíamos fijarnos en los momentos en que nuestro hijo está tranquilo para evidenciar que se está portando bien, resaltar su actitud positiva para que él se dé cuenta de que puede hacer las cosas de otra manera. Si la balanza pasa de destacar lo negativo a señalar lo positivo, nuestro hijo apreciará que sus padres están más pendientes y valoran más los momentos en que su conducta es buena que en los que es mala; y como no reforzaremos esas conductas negativas con riñas o reprimendas, acabarán por desaparecer.

No obstante, un niño es un niño: no podemos pedirle que se comporte como un adulto. Muchos padres quieren que sus hijos aguanten sentados en un restaurante dos horas sin rechistar, pero eso supone mucho esfuerzo para un pequeño que necesita moverse. ¿Quién se enfada entonces?

---◆---

72. Controlar una rabieta injustificada

Lo primero que hay que hacer es descubrir cuál es su origen. Hay rabietas que tienen una justificación, un motivo: es posible que nuestro hijo se haya hecho daño y que su hermano se haya metido con él por ser torpe o le haya dado un golpe en el mismo sitio en el que acababa de hacerse daño. Es normal que se queje y, cuando empiece a calmarse, que actúe.

Lo habitual en estos casos es que los padres pierdan los nervios, le digan que es un exagerado, que deje de quejarse, que no grite. Error. Nunca debemos hacer nada en el momento álgido de la rabieta, cuando nuestro hijo está en pleno llanto y quejándose, porque en ese momento, por mucho que lo zarandeemos o le gritemos, no nos va a escuchar. Esperaremos a que se calme e intervendremos entonces, para decirle que ya está, que no ha pasado nada y que ya no tiene que llorar o gritar más. Debemos actuar frente a la conducta positiva, no frente a la negativa.

Pero ¿qué ocurre cuando nuestro hijo empieza una rabieta porque sí, sin motivo alguno? Normalmente los niños emplean las rabietas como mecanismo para conseguir lo que quieren. Es su manera de llamar la atención. Si cada vez que nuestro hijo llora o se enfada le damos lo que quiere, estaremos transmitiéndole el mensaje de que esa es la manera de conseguir las cosas. Habremos condicionado una conducta errónea: para conseguir algo, lloro. Si nos enfadamos con él en el momento en que empieza la rabieta y empezamos nosotros a gritar, a decirle que es insoportable, que es un pesado y le recriminamos su comportamiento, lo que estaremos haciendo es alimentar el berrinche, porque comprenderá que si se porta así le hacemos caso. Si, por el contrario, cuando monta una rabieta no le decimos nada, no le hacemos caso, tarde o temprano se dará cuenta de que es una conducta que no sirve y tendrá que buscar otra.

---◆---

73. ¿Cómo reconducimos la situación si el niño se niega a hacer algo?

Que un niño nos diga «no» es algo común. Negarse a hacer lo que le pedimos es una manera de ponernos a prueba, de ver si cedemos o no. Por eso es importante saber qué hacer para que no se convierta en una conducta habitual.

Si, por ejemplo, le decimos a nuestro hijo que se lave las manos porque hay que sentarse a comer, y él nos dice que no quiere, que ahora está jugando o se sienta a la mesa sin lavarse las manos, no debemos enfadarnos, porque esa es precisamente una de las reacciones que espera por nuestra parte. Tampoco tenemos que repetírselo, insistir o perdonarle por esa vez que no nos haya hecho caso.

El primer paso es recordarle que le hemos pedido algo; no repetir la misma idea, sino hacer que la recuerde. Si tras ese recordatorio nuestro hijo sigue sin obedecer, le pondremos una condición: «Si quieres comer, primero tendrás que lavarte las manos». Si llegados a este punto se niega a cumplir, le quitaremos el plato de la comida e insistiremos en que no podrá comer hasta que se haya lavado las manos; es decir, le exigiremos que haga algo para obtener la recompensa, para volver a la situación idónea en la que podrá comer con nosotros. Pero si no lo hace y su respuesta es de manipulación, lo enviaremos a la cama a dormir sin cenar. Nunca de mal humor ni enfadados, sino recalcando que es una pena que no quiera comer.

El niño debe comprender que su mala conducta al no cumplir con lo que le pedimos tiene una consecuencia. Nunca debe ser un enfado o un castigo, sino la consecuencia de sus actos: si dice que no quiere comer para ponernos a prueba, lo mandaremos a su cuarto para que reaccione, para que se dé cuenta de que no toleraremos esa conducta. Y, sobre todo, lo haremos sin dramatizar.

Esta estrategia se utiliza también en los casos en que un niño se planta en la calle y se niega a caminar, o cuando dice que no quiere ir al cole. Los padres se desesperan, lo agarran del brazo y lo arrastran hasta el coche y hasta el cole mientras el niño llora o grita. También es habitual que se enfaden con él y acaben gritándole. Ninguna de estas opciones funcionará ni ayudará a que nuestro hijo asimile correctamente el comportamiento adecuado; estaremos, por el contrario, estimulando un mal comportamiento.

Debemos entrar en su habitación y decirle algo así como «Bueno, como veo que no quieres que te acompañe al cole, yo voy saliendo y tú ya vendrás, que ya conoces el camino». Una vez dicho esto, con buen tono y sin reproches, saldremos y cerraremos la puerta de casa, dejando al niño solo. No podemos dejarlo más de uno o dos minutos en esta situación, sería muy duro para él, así que volveremos a entrar con la excusa de que nos hemos dejado la cartera o las llaves. Habrá un cambio en la actitud de nuestro hijo, porque se habrá dado cuenta de que somos consecuentes con lo que decimos, que hemos sido capaces de dejarle solo, ni que sea un minuto. Al verle en la habitación, le preguntaremos si esta vez quiere venir, y vendrá. De esta manera quitamos dramatismo al asunto y demostramos a nuestro hijo que nos mantenemos firmes.

---

74. ¿Cómo frenamos un ataque de ira?

Un ataque de ira no es una rabieta. En el ataque de ira hay una sensación de pérdida de control: llora mucho, se pone rojo, tose, parece que va a hiperventilar, a desmayarse... Ante esta situación, debemos impresionar al niño para atajar el ataque. ¿Cómo?

Podemos mojarle la cara con agua fría. No es doloroso y para en seco el ataque porque el niño se da cuenta de que pasa algo. Es un cambio que nota, que le choca, pero que no es agresivo. En el caso de los bebés, a menudo funciona darles un baño con agua tibia, para que se calmen. Lo que buscamos con estas acciones es un efecto a corto plazo, es decir, tranquilizar a nuestro hijo, parar esa conducta.

Otra opción que puede surtir efecto es la de desviar la atención del niño. Cuando esté en pleno ataque de ira, captaremos su atención para que se centre en otra cosa y olvide que estaba llorando porque hay algo más interesante y novedoso que no tiene que ver con su llanto. A veces, nuestro hijo mirará durante unos instantes lo que le enseñamos y luego, como si se hubiese acordado de repente, volverá a llorar, para demostrar que sigue enfadado. Entonces es cuando es necesario impresionarle para que pare definitivamente.

Antes, para parar los ataques de ira del niño se utilizaba el bofetón. Esta vía, no nos engañemos, no sirve para tranquilizar al niño, sino para que los padres se calmen. Cuando un padre da un bofetón a su hijo, lo que está haciendo es desahogarse porque ya no puede más, porque su hijo lo está sacando de quicio y no lo soporta más. Por eso mismo nunca, jamás, debe utilizarse el bofetón como método para detener un ataque de ira.

Cuando hemos conseguido que el niño se calme, debemos señalar el aspecto positivo de su conducta, no el negativo. No debemos reprenderle por haber perdido los nervios, sino reforzar el hecho de que ha sido capaz de controlarse y que eso es bueno para él. En estos casos no se debe ni castigar ni premiar: solo reforzar positivamente su conducta.

---

75. Pautas para erradicar los insultos y/o la agresividad

Hay niños que demuestran una gran falta de respeto hacia las personas de su alrededor y, cuando están enfadados, muerden, pegan o insultan. Cuando el niño es incapaz de controlarse, utiliza todos sus recursos para manifestar su enfado y, cuanto más grita, más pega y más insulta, más pierde el control. Esta es una de esas conductas que no podemos tolerar bajo ningún concepto y que hay que erradicar de manera drástica.

Ante las conductas intolerables, como el insulto, la mentira, el robo, escaparse de casa o hacer cosas a escondidas, o los actos de violencia, hay que dejar bien claro que lo consideramos inaceptable. Hay padres que toleran que sus hijos les insulten y les falten al respeto porque no quieren pelearse más con ellos y deciden que son casos perdidos. En otras ocasiones son los propios padres los que insultan a sus hijos y luego se extrañan al recibir esos mismos insultos. Al igual que debemos mostrarnos ordenados si queremos que nuestro hijo aprenda a ordenar, deberemos emplear un lenguaje correcto si queremos que nuestro hijo sea educado. Por eso debemos predicar con el ejemplo y pautar el tipo de comportamiento que esperamos.

Como siempre, es fundamental enseñar la pauta: no vamos a tolerar el insulto. Si nuestro hijo insulta, le recordaremos la pauta sin gritar y con la máxima seriedad, para que comprenda que es un comportamiento inaceptable. Pero no nos quedaremos únicamente en el mensaje negativo, es decir, en el «No vuelvas a insultar» o el «Ni se te ocurra volver a decir eso», sino que añadiremos lo que esperamos de él: «Tú sabes decir las cosas mucho mejor y sabes mostrar respeto».

Si no sigue las pautas de comportamiento que le hemos indicado, será el momento de privarle de un privilegio, que comprenda que su mala conducta tiene consecuencias. Si nos falta al respeto y nos insulta, no podemos fingir que no ha pasado nada. Debemos demostrarle que estamos molestos, decepcionados por su comportamiento. Mediante el «boicot emocional», al no dirigirle la palabra durante unos minutos o unas horas, le estamos dejando claro que no nos interesa ese niño malhablado, sino el otro, el que no insulta; en otras palabras, le demostramos que ese comportamiento no nos interesa y no vamos a seguirle el juego.

Este tipo de conductas erróneas pueden ser reeducadas en poco tiempo si aprendemos a asentar su comportamiento positivo mediante el refuerzo intermitente, es decir, comentar de vez en cuando lo bien que está haciendo las cosas, para consolidar la conducta correcta. Si cada dos o tres días le recordamos que ha cambiado de conducta y que estamos orgullosos de él, estaremos estimulando su buen comportamiento.

Roberto, el pequeño salvaje

Traté a un niño de 3 años que vino con su madre, quien tenía los brazos llenos de moratones y mordiscos. La mujer me explicó que Roberto se portaba muy mal y la maltrataba cada día con patadas, arañazos y golpes, además de insultarla a la mínima de cambio.

Ella era profesora universitaria y ya tenía dos hijos muy mayores cuando Roberto llegó sin que nadie esperara el aumento de la familia. Los hijos mayores y el padre se habían opuesto a que aquel embarazo siguiera su curso, pero ella decidió tener el niño y aseguró a su familia que se ocuparía personalmente de él sin que les ocasionara molestias.

La madre consagró su vida al trabajo y al niño, que apartaba del padre y de sus hermanos para cumplir con su promesa. Esto creó tal vínculo de dependencia entre la mujer y el pequeño, que el crío no supo situarla en el rol que le correspondía. No la trataba como a una madre sino como a una compañera de juegos, casi como a una hermana; cualquier intento de autoridad fracasaba porque no existía una jerarquía entre ellos.

Para que no molestara al resto de la familia —prácticamente lo aisló de ellos—, la madre había empezado a tolerarle todo para que no llorara o se enfureciera, lo que acabó desembocando en un carácter caprichoso e irascible.

Como el origen del problema estaba en la relación que se había establecido entre este niño y su familia, hablé con el padre y con los hermanos mayores, que estaban cursando una carrera universitaria. La familia por fin se implicó en la educación del pequeño al tiempo que la madre empezó a distanciarse de él, con lo que pudo recobrar la autoridad y asumió su rol natural. El niño cambió de actitud en muy poco tiempo. Hoy es una excelente persona con muy buenos modales.

◆

76. Qué hacemos si permanece impasible ante cualquier orden

Hay niños que no demuestran interés por nada o que lo hacen todo con desgana. Y hay muchos padres que acaban tirando la toalla y dándolos por perdidos. Con todo, no son pasotas; lo que necesitan es que les despertemos la motivación. Y no, no es tan difícil. Aunque los horarios laborales nos obliguen a llegar a casa tarde, estemos cansados y sin ganas de nada, aparte de descansar; si damos órdenes de mal humor y con poca energía, los niños participarán de esa desgana. Para despertar la motivación de nuestros hijos es esencial que nosotros mostremos también un poco de entusiasmo al proponerles las cosas.

Una estrategia que funciona muy bien en estos casos y que ayuda a despertar y mantener la motivación alta es utilizar una tabla, un barómetro, una especie de «juego de portarse bien». ¿En qué consiste esta tabla? Marcaremos unos cuantos objetivos que queremos que el niño cumpla —hacer los deberes, comunicarse con los miembros de la familia, cenar, lavarse los dientes, hacerse la cama, acostarse a su hora, leer o que le lean un cuento— y los plasmaremos en el esquema. Cada día que cumpla un objetivo bien, pondremos una pegatina verde; si no es así, añadiremos una pegatina roja pero más pequeña (así tiene menos peso emocional para el niño, no resulta un castigo).

Cuando le expliquemos las normas de este «juego», evitaremos hablar de las cosas que hace mal (aparcaremos el lenguaje negativo y acusador). La pegatina roja no es una manera de descalificar sino de avisar de un olvido o de un fallo. Una vez le planteemos las normas, pactaremos con él que si consigue tres pegatinas verdes seguidas, le gratificaremos. No será un gran premio, sino un pequeño regalo, un reconocimiento más afectivo que material, que sirva para demostrar lo contentos que estamos porque ha sido capaz de motivarse.

Otra opción similar es la de los botes verdes y rojos. En este caso, en lugar de pegatinas de colores, le diremos que elija un alimento que le guste, como los Lacasitos, los frutos secos o las chocolatinas —intentemos evitar las golosinas porque, aunque a los niños les encantan, nutricionalmente no son recomendables—, y le explicaremos que, cada vez que haga algo bien, deberá introducir uno de esos «premios» en el bote verde; en caso contrario tendrá que dejarlo en el rojo. En lugar de premiarle por el cúmulo de pegatinas de color verde, el fin de semana podrá comerse el contenido de lo que haya acumulado en su bote verde de la motivación.

El *feedback* del niño suele ser muy positivo. Cada vez que ve una pegatina verde es consciente de que ha sido capaz de hacer algo, y eso le hace sentirse orgulloso de sí mismo y le motiva a seguir haciéndolo para conseguir más pegatinas.

Recordemos que estos son juegos de corta duración, de lo contrario se pierde el efecto motivador y el niño empieza a aburrirse. Como máximo podemos recurrir a ellos durante uno o dos meses, no más.

◆

77. Si se pone a llorar por cualquier detalle

Es habitual pensar que los niños lloran para reclamar, para llamar la atención. Y, por supuesto, en ciertas ocasiones es verdad. No obstante, descartados los motivos más obvios, es preciso analizar el origen o la causa del llanto. Todas y cada una de las conductas de nuestros hijos tiene un origen, y debemos saber cuál es: puede ser por capricho, para reclamar la atención, porque quiere darnos pena...

Cuando un niño que nunca había llorado sin motivo aparente empieza a llorar, generalmente es porque ha ocurrido algo. Ahí es donde los padres tenemos que estar atentos. Si analizamos su entorno, descubriremos que quizá no entiende cuál es su lugar tras el nacimiento de su hermanito, o ha presenciado una pelea entre sus padres, o ha tenido algún problema con sus compañeros en el colegio y eso le ha alterado. También es posible que esté triste por alguna razón y lo exprese con lágrimas. Por ejemplo, si ha suspendido una asignatura o ha descubierto que su mejor amigo no va a invitarle a su fiesta de cumpleaños, es normal que se sienta triste y que llore. Precisa nuestro consuelo y afecto, nuestro apoyo y comprensión.

Pero, ojo, si las lágrimas son una vía para conseguir algo, no servirá consolarle, porque le estaremos dando precisamente lo que quiere: atención y afecto continuos. Y si ve que los obtiene de esa manera, llorará cada vez que quiera algo. Tenemos que mostrarle que hay otras maneras de alcanzar lo que desea y, sobre todo, de conseguir nuestro afecto y atención.

Si nuestro hijo llora porque su hermano le ha quitado un juguete, es mejor no darle importancia al llanto y decirle que le contaremos algo cuando pare de llorar. Si deja de llorar, le pedimos a su hermano que le devuelva el juguete y le recalcamos que está mucho más guapo sin lloros: le mostramos una manera diferente de conseguir lo que quería sin utilizar el llanto. Al dar a entender que existen otras maneras de comportarse, estimulamos que cambie de conducta.

◆

78. Suavizar las peleas entre hermanos

Cuando hablamos de las relaciones entre hermanos, uno de los temas más repetidos son los celos. Tener celos es normal en una época de la vida de los niños: son un síntoma de que nuestro hijo es consciente de que tiene un hermano, y esa conciencia es buena. Los celos en sí no son perjudiciales, pero hay que aprender a manejarlos y a canalizarlos correctamente para que no se conviertan en un problema.

Los niños que se pelean y que muestran de esta manera sus celos lo que buscan es la atención de los padres. Puede haber una comparación, una competencia negativa entre hermanos y, como los padres no podemos partirnos en dos, debemos esforzarnos para erradicar esas comparaciones y no hacer diferencias. Las frases que más veces escuchamos de boca de un niño celoso son «A él le dejas hacer eso y a mí no» o «Me riñes más a mí que a él». La sensación del pequeño es que sus padres prefieren a su hermano, y eso es muy doloroso para él. Por eso se pelea, para conseguir que le hagan caso, aunque sea por las malas.

Recordemos que cada hijo es diferente y que cada uno de ellos tiene sus cualidades. En el caso de los gemelos o mellizos, este aspecto cobra especial importancia. Todo niño es único y tiene sus propias virtudes. Como padres debemos destacar sus habilidades y características positivas; si son conscientes de ellas, ¿para qué se van a celar o a pelear? Potenciaremos sus cualidades de manera positiva. Nunca, bajo ningún concepto, compararemos a nuestros hijos ni diremos que uno es mejor que el otro en algo, porque seremos la mecha que enciende los celos.

Qué decir también de la tendencia de ciertos padres a que sus hijos lo hagan todo juntos e incluso que se vistan igual. Es bueno que estén juntos, que tengan un espacio para compartir, pero también es importante que puedan mantener su individualidad; cada uno de ellos debe tener protagonismo en momentos diferentes y respecto a sí mismo, no en comparación con su hermano. Si a un niño le gusta el fútbol y a su hermano le gusta leer, no podemos exigirles a los dos que compartan las dos actividades. Si no los comparamos, ellos no se compararán y estarán mucho más a gusto.

Cuando las peleas son entre hermanos que se llevan varios años, es decir, cuando hay una diferencia de edad considerable, es importante razonar con el mayor. Un adolescente puede comprender las consecuencias de sus acciones y sabe que si no mejora se le quitará un privilegio.

Hablemos también del momento en que se produce una pelea. No podemos culpar solo a uno de los hermanos: una pelea es cosa de dos, del que provoca y del que se deja provocar. No prestemos atención al que haya actuado de forma más agresiva y acerquémonos al más tranquilo, para distraerle y sacarle de esa situación; de ese modo quedará claro que preferimos la conducta tranquila a la agresiva. Cuando ambos estén calmados, mostraremos el modelo de comportamiento que nosotros queremos: «Con lo bien que os sabéis portar, qué pena que os pongáis así». Debe quedar claro que esa conducta no la queremos en casa y, para ello, podemos pedirles que intenten volver a hablar de lo que estaban discutiendo antes de pelearse, sin llegar a ese extremo.

En el día a día, podemos hacer más caso al que se porta bien y hacer un pequeño boicot al que se porta mal, para que tenga claro que el modelo sigue siendo el mismo. Eso sí, en el momento en que empiece a portarse bien, debemos reforzar esa actitud y mostrarle que estamos contentos de que haya mejorado.

Diego y el síndrome del niño destronado

Diego tiene 7 años y un hermanito de 3 años que es divertido y encantador y, como es normal, Diego siente celos. Aunque son unos celos bastante extremos, porque de vez en cuando dice que querría que su hermano nunca hubiera nacido. No soporta que su hermano pequeño le siga, le imite, le quite los juguetes. El comportamiento del hermano pequeño es habitual.

Diego necesitaba las herramientas emocionales para saber tratar a su hermano, como, por ejemplo, no permitirle que le cogiera los juguetes sin pedirle permiso, pero no dejarle con las manos vacías, sino darle otro juguete para que no llorase y comprendiese que, si lo pedía, Diego le complacería. Sin embargo, esas herramientas no funcionaban muy bien. Y es que Diego sentía un rechazo muy grande hacia su hermano. ¿Por qué? Porque se sentía un niño destronado. Él había sido el primer nieto de ambas familias, el primer hijo, y lo habían sobreprotegido. De repente, su hermano era mucho mejor que él y todo el mundo le hacía caso, y lo único que podía hacer él era odiar a su hermano por haber aparecido. Para evitar este tipo de sentimientos de abandono, para que un niño comprenda que no ha sido destronado, es importante que seamos capaces de darle el protagonismo que se merece, no olvidarnos de él ni centrarnos exclusivamente en el más pequeño. Ambos son importantes y lo deben notar.

Bea y Elvira, las hermanas que se odiaban

El caso de celos más espectacular que he tratado en mi consulta fue el de Bea y Elvira, dos adolescentes muy inteligentes que no se soportaban.

Empecé tratando a la pequeña. Bea tenía entonces 15 años y era más introvertida que su hermana. Sacaba notas excelentes en el instituto, pero tenía dificultades para hacer amigas. Sus compañeras opinaban que era repelente y le tenían manía porque era la chica más guapa de la clase.

Antes de tratar el principal problema —la pésima relación con su hermana—, le propuse que intentara ser un poco más sociable y divertida. Fijamos como objetivo de mínimos que intentara hacer un par de amigas, y fue capaz.

Cuando hablamos de su hermana, que tenía solo un año más que ella y parecía su gemela, me dijo que no tenía ninguna relación con ella. «Elvira me importa un bledo», declaró. Luego me explicó que se ignoraban desde siempre.

Al trabajar con la mayor, comprobé que la aversión que sentía Bea por ella era recíproca. Elvira era más sociable y abierta que su hermana; jugaba al baloncesto y tenía muchas amigas, pero odiaba profundamente a su hermana.

Los padres me habían advertido que un almuerzo o una cena con ellas se hacía insoportable porque abundaban las expresiones del tipo «¡Calla, imbécil!» o «¡A ti qué te importa!». Se daba el caso de que los progenitores eran personas muy tímidas y poco cariñosas, con muy pocos recursos emocionales para enderezar aquella situación. Habían llegado al extremo de cenar por separado con las hijas —el padre con una en la cocina y la madre con la otra en el comedor— para evitar fricciones.

Como Elvira estaba más acostumbrada a socializar y era más madura que Bea, me dediqué a esta última con más esfuerzo. Le expliqué que los hermanos nunca llegan a ser exactamente amigos, pero que era necesario para su propio bienestar que llegaran a unos mínimos de convivencia.

Le planteé que si a Elvira le sucediera algo malo, ella sufriría. Ahondando por esta vía, Bea llegó a reconocer que cuando su hermana había estado de viaje con su clase la había echado de menos. Esto supuso un gran avance.

Al final, hablando con la una y con la otra, conseguimos que hubiera una relación cordial entre ellas. Por primera vez, cuando surgía una diferencia, la discutían, cosa que antes se hubiera solucionado con gritos y malas caras.

◆

79. ¿Cómo y cuándo aplicar castigos?

No debemos emplear nunca la palabra «castigo» porque tiene connotaciones muy negativas. Eso no significa que los actos incorrectos o imprudentes no tengan consecuencias. Y eso es tarea nuestra: mostrarle a nuestro hijo lo que creemos que conviene y lo que no.

Quién no ha mandado al pequeño al «rincón de pensar», incluso cuando algunos niños no entienden que eso sea una reprimenda o que tengan que reflexionar sobre lo que han hecho. De ahí que apostemos por un ligero «boicot emocional». Suena mucho peor de lo que es: el boicot emocional consiste en demostrarle al niño que estamos decepcionados con su comportamiento y que preferimos no hablar con él hasta que se comporte como sabemos que es capaz. Ese vacío es más duro que un castigo del tipo «Vete a tu habitación a pensar», porque lo ejercemos nosotros: el niño ve que sus padres no están contentos con lo que ha hecho y que eso conlleva unas consecuencias.

El otro sinónimo de castigo es la retirada de un privilegio: le quitamos algo al niño para que se dé cuenta de que su conducta no va a modificar la nuestra, no vamos a dar nuestro brazo a torcer porque él quiera.

En resumen, enseñamos disciplina, es decir, el cumplimiento de las normas que hemos establecido en la familia. Cada familia tendrá las suyas, pero siempre habrá una serie de pautas que los padres proponen a sus hijos y que estos deben cumplir. Debemos prepararles primero, explicarles qué disciplina les pedimos y que, si no la cumplen, existen consecuencias.

El castigo físico jamás debe ser utilizado. Es únicamente una descarga por parte del progenitor, que ya no puede más. No sirve para educar ni para que el niño entienda nada. Nuestro hijo reaccionará mucho más a una mirada, a un tono de voz duro o a la exigencia y la firmeza que a un azote.

Miguel, el gemelo rebelde

Miguel, el carácter dominante de los hermanos gemelos de 9 años, llegó a la consulta acompañado de su madre. Lo primero que hizo fue dirigirse a una repisa de plantas y dejar caer todas las macetas al suelo causando un gran estropicio. El mensaje que me transmitía era: hago lo que me da la gana en casa, en la escuela y también aquí.

Su madre lo riñó dulcemente: «Miguel, cariño, no hagas estas cosas...». A lo que el niño respondió gritando: «¡Cállate, tú sí que estás loca!». Pedí a la madre que saliera de la consulta y cerré con llave. Le dije: «Miguel, ahora tú y yo vamos a recoger las plantas». Él reaccionó gritando, insultando y dándole patadas a la puerta, pero yo le recalqué que no saldría de allí y que su madre no entraría hasta que limpiara el desastre que había causado.

Se quedó muy sorprendido, pero finalmente accedió a recoger la tierra esparcida por el suelo y a volver a poner las macetas en su sitio. Luego dejamos entrar a la madre. Todo parecía ir bien, pero antes de irse Miguel pidió permiso para ir al baño y defecó en el suelo como venganza. Yo me había temido alguna última trastada y le esperaba fuera del aseo. Al descubrir lo que había hecho, le di papel higiénico y se lo hice recoger con toda la naturalidad del mundo. No le quedó más remedio que hacerlo.

Hablemos de la madre: era empresaria, como su marido, y trabajaba muchas horas al día, con lo que sus hijos pasaban de unas manos a otras, de canguro en canguro. Del descontrol absoluto había surgido un comportamiento anárquico. No se le había transmitido un solo hábito. Cuando convoqué al padre del niño para hablar con él, costó mucho que viniera; estaba siempre ocupado y consideraba que la educación era algo más propio de la madre. Los dos llevaban una vida caótica a causa del exceso de trabajo. Hablé con el padre y la madre para hacerles ver la importancia de dar unas pautas al niño, aunque fuera ya mayor, y también con la escuela, donde reconocieron que Miguel les ocasionaba muchos problemas. Era absolutamente indisciplinado.

Una primera medida fue marcarle pautas muy estrictas y quitarle todos los juegos y juguetes, que se le irían restituyendo paulatinamente cuando mostrara avances en su comportamiento. Además, si mostraba una actitud positiva, se le premiaba con una sesión de cine o con una salida al restaurante en compañía de los padres y el hermano. Me sorprendió saber que prácticamente no habían hecho nada juntos hasta entonces, y ahí residía parte del problema. Asimismo, dado que la escuela a la que iba se basaba en el castigo, lo cual a Miguel parecía darle igual, le cambiaron a un centro más pequeño donde la disciplina se supervisaba de cerca. Al cabo de un año dejó de venir a la consulta porque ya se había reconducido. Era muy inteligente y, cuando se dio cuenta de que sus actos tenían consecuencias, eligió comportarse de una manera que le resultara más beneficiosa. Hasta entonces solo había recibido algún bofetón de su madre, que únicamente había servido para excitarlo más.

80. Cómo señalar ciertas conductas
sin exagerar

A veces, con la intención de reforzar de manera positiva a nuestro hijo, nos pasamos de la raya. Por ejemplo, se ha duchado en el tiempo que le hemos pedido y le montamos una fiesta. O al revés, si ha hecho algo mal, damos rienda suelta al drama y lo castigamos dos meses sin tele. Tanto la una como la otra son reacciones desmesuradas. Cuando nuestra reacción es exagerada y premiamos con un regalo importante una acción pequeña, estamos permitiendo que el niño utilice esos refuerzos positivos a su favor y se curta en el chantaje.

A veces los padres exageran los refuerzos positivos porque les preocupa que sus hijos no estén contentos con ellos. Les compran todo lo que quieren para evitar peleas, enfados, para que estén entretenidos y no molesten. Pero si les damos todo lo que quieren cuando quieren, más nos chantajearán y menos autoridad tendremos sobre ellos. Los padres deben mantener el sentido de la autoridad, demostrar que son ellos los que marcan las pautas, y no los pequeños de la casa.

Si en otros aspectos de la educación es más importante la calidad que la cantidad, en este caso es cuestión de cantidad y no de calidad. Sacamos de contexto las situaciones y aplicamos unos castigos desorbitados y a largo plazo. Y no funcionarán: si dejamos sin televisión a nuestro hijo durante dos meses no servirá de nada porque lo que buscamos es una reacción inmediata, no a largo plazo.

Lorena quiere una moto

Lorena era una niña de 14 años con las ideas muy claras: quería una moto a cualquier precio y sus padres se la tenían que comprar porque todas sus amigas tenían una. De hecho, la adolescente exigía la moto. Sus padres intentaron convencerla de que todavía era muy joven, que quizá más adelante. Pero la consiguió después de un chantaje y un enfado descomunal. Así que, desde entonces, cada vez que desea algo simplemente monta una escena.

Si en lugar de haberle hecho caso y haber cedido a sus exigencias, sus padres se hubiesen mantenido firmes en su negativa y la hubiesen ignorado, probablemente le habrían enseñado que por mucho que gritara y llorara no iba a conseguir nada, porque ellos eran los que tomaban la decisión.

◆

81. Reconocer conductas que sugieren que hay una patología

Cuando hablamos de patologías no nos referimos a un ritmo de crecimiento más lento que el de otro niño; si nuestro hijo va creciendo, aunque más lentamente que otro, esto no supone ningún problema. Nos referimos a problemas de visión, auditivos, trastornos en el esófago o en el aparato digestivo, u otro tipo de síndromes, como el de Asperger, el de Rett... Durante los primeros años de vida, nuestro hijo visita al pediatra regularmente. Mediante ese seguimiento exhaustivo se detectarán los trastornos patológicos que el niño pueda tener.

Como nos estamos ocupando del comportamiento, cabe señalar que ciertas conductas que pueden parecer fuera de lo normal indican algún tipo de problema. Nos percatamos por comparación, al ver que otros niños hacen cosas que los nuestros no. No nos alarmemos, pero tampoco lo ignoremos ni le quitemos hierro. Si creemos que hay un problema, busquemos la opinión de un experto que elabore un diagnóstico para descartar si existe o no algún tipo de patología.

Así, estimamos que entre el 8 y el 10 por ciento de los niños con un trastorno específico — como la dislexia, TDAH...— requieren la atención de un especialista. Sin embargo, hay que procurar que nuestro hijo no se asuste por su particularidad, algo que lograremos con una buena conversación en la que le expliquemos que hay otros niños en su misma situación y que, con la ayuda del profesional, han conseguido superar su problema.

82. ¿Cómo detener un mal comportamiento en un espacio público?

De la misma manera que le pedimos a nuestro hijo que se comporte correctamente en casa, también debemos exigirle que lo haga en los espacios públicos, que son de todos. El método es el de siempre: prepararle, exponer la pauta y, si no la cumple, demostrar que no vamos a tolerar ese comportamiento.

Por ejemplo, si decidimos que el sábado iremos a comer a un restaurante, debemos recordarle que vamos a estar fuera de casa y que habrá otras personas, por lo que hay que portarse bien, no gritar, comer con la boca cerrada y no molestar a la gente. Aquí está la pauta. Pero, una vez llegados al restaurante, ¿qué puede pasar? Que nuestro hijo se ponga a gritar, a correr. Ya hemos dicho que los niños son movidos y que, normalmente, no aguantan todas las horas que podemos aguantar los adultos sentados a una mesa. Pero debemos ponerles unos límites sobre lo que pueden y lo que no pueden hacer. A nuestro hijo le avisaremos: «Te acuerdas de lo que hemos hablado antes sobre portarse bien?». Si esa advertencia no surte efecto, lo que haremos es levantarnos de la mesa y llevarnos al niño fuera explicándole que no podemos quedarnos porque se está portando mal. El niño se quejará, dirá que no lo volverá a hacer. Nos daremos una segunda oportunidad y volveremos a entrar. Si sigue portándose mal, ya no habrá más oportunidades: nos fastidiaremos, pero nos iremos del restaurante porque debemos enseñarle que toca seguir la pauta y la conducta que esperamos de él para pasarlo bien.

Otra situación que seguro que todos hemos vivido o visto en la calle: un niño que, de repente, se suelta de la mano de su padre o su madre, se sienta en el suelo y decide que no se mueve. Aunque nos cueste, lo dejaremos en el suelo y le haremos ver que nosotros continuamos nuestro camino, y que él ya nos seguirá. No se trata de ignorarlo por completo, sino de volver al cabo de un momento y cambiar de tema. Por ejemplo, podemos decirle, como quien no quiere la cosa, que acabamos de acordarnos de que nos hemos dejado la olla en el fuego y que tenemos que irnos. Debe percibir que no le estamos haciendo caso, que no nos interesa su comportamiento. Y habrá que esperar que no lo repita.

───◆───

83. ¿Es posible cambiar la «mala reputación» de nuestro hijo?

Es habitual, tanto en casa como en entornos escolares y otros espacios, que haya cierta tendencia a adjudicar un rol a cada niño, una etiqueta: este niño es muy movido, este niño es un trasto, este niño es más malo que la tiña... Y así sucesivamente. A los hijos se les cuelgan etiquetas desde pequeños, se les encasilla para perjuicio del desarrollo de su personalidad.

Cada niño es diferente y tiene sus virtudes. También tiene defectos, claro, pero no podemos centrarnos solo en eso, de la misma manera que no podemos tampoco resaltar una de sus cualidades y olvidarnos del resto. Al etiquetar a una persona la estigmatizamos, y a la larga eso puede producir complejos, marginación y otra clase de problemáticas. Si siempre se le define como bueno, malo, movido o maleducado, el niño asumirá ese rol como cierto y creerá que eso es lo que es. Y cuanto más asumido esté ese rol, más difícil será hacerle comprender que él es mucho más que eso.

Si, además, el niño oye que sus padres dicen que es tonto, o travieso, o movido, le puede afectar de manera muy negativa. Nunca debemos etiquetar a nuestros hijos, y mucho menos delante de otras personas, ya que eso puede marcarlos durante muchos años.

Existe una teoría que habla del efecto Pigmalión, que describe cómo la creencia que una persona tiene sobre otra persona puede afectar el comportamiento de la segunda. Un estudio demostró que las expectativas de los profesores sobre el comportamiento de los alumnos determinaban la conducta de los alumnos, que acababan por comportarse como se esperaba de ellos. Esto es aplicable tanto en sentido positivo como negativo: si un padre o un maestro o canguro decide que un niño es malo, lo más probable es que lo trate según esa etiqueta y el pequeño acabe comportándose de esa manera. Si, en cambio, cree que es bueno, lo tratará de una manera diferente y la conducta de ese niño irá a mejor.

PARA RECORDAR...

Reforzamos conductas negativas (aunque nos creemos disciplinados)

- Cuando solo hablamos con nuestro hijo para asegurarnos de que sigue sus obligaciones: deberes, hábitos.
- Si nuestra única relación con sus profesores surge cuando aparecen los problemas de calificaciones o comportamiento.
- Cuando solo le prestamos ayuda cuando ha fracasado y no le enseñamos a organizarse.

- Cuando nos alegramos de que nos deje respirar porque se queda en su habitación jugando solo.

- Cuando comentamos delante de sus amigos u otras personas solo lo que hace mal y lo comparamos con otros niños.

- Cuando no alabamos sus esfuerzos, con independencia del resultado.

Sobre situaciones especiales. Alteraciones: dificultades en el aprendizaje, desmotivación, tristeza, distimia o depresión, celos, bloqueo emocional, fobias...

El perfecto desarrollo de los hijos es un tema que preocupa a muchos padres. A menudo se rigen por la comparación para evaluar si su hijo es como los demás, si hace lo mismo que los demás. Y en el momento en que ven que no, se alarman. Es comprensible, pero hay que tener en cuenta que los niños tienen un ritmo de desarrollo que puede variar: unos aprenden a caminar enseguida y otros tardan más. Mientras ese desfase en el desarrollo esté dentro de los parámetros establecidos, debemos respetar el ritmo de nuestro hijo y no angustiarnos por ello.

Los percentiles permiten saber cuáles son los parámetros de crecimiento establecidos para cada edad. Si hay un pequeño desfase de, por ejemplo, seis meses, no pasa nada. Debemos tener en cuenta que el pediatra hace un seguimiento exhaustivo de nuestro hijo y que, por lo tanto, si hubiera algún problema, lo detectaría. Tanto los pediatras como los cuidadores de guardería conocen estos parámetros y son los primeros que nos avisarían si observasen algún tipo de alteración de orden fisiológico o mental.

Nuestro hijo puede padecer una disfunción si, dentro de un margen de entre seis meses y un año, no sigue el crecimiento estándar. Si sus funciones básicas no se desarrollan dentro de este parámetro, deberemos acudir al médico para que evalúe el caso. Lo que no po-

demos hacer es negar la evidencia y decidir que nuestro hijo no tiene
ningún problema porque somos incapaces de asumirlo. Si tenemos
dudas, es mejor que acudamos a un especialista para descartar alguna clase de patología, y así prevenir, diagnosticar y tratar el caso lo
antes posible.

84. ¿Nuestro hijo presenta evidencias de tener dificultades para aprender?

Ante todo debemos tener en cuenta que los procesos de aprendizaje
son diferentes según lo que el niño esté aprendiendo. Por ejemplo,
el de la lectoescritura no es rápido; dura más de un año. Se inicia a
los 5 años y se da por consolidado alrededor de los 8 años de edad.
Hay niños que con 5 años leen de maravilla, y hay otros que a los
8 todavía son torpes en la lectura. Dentro de estos márgenes, no debemos preocuparnos. No podemos exigirle a un niño de 5 años que
lea como uno de 8, pero si uno de 8 lee como uno de 5, quizá deberíamos empezar a preguntarnos qué ocurre.

En ocasiones, caemos en la tentación de pensar que si un niño
tiene dificultades de aprendizaje es porque es vago, porque no está
atento o no le apetece aprender. Sin embargo, cuando apreciamos
que existe algún tipo de dificultad en esos procesos, conviene analizar la actitud del niño y consultar a los maestros para tener más da-
tos: si su actitud es positiva; si muestra atención o no y si es capaz
de mantenerla; si evoluciona en su aprendizaje, aunque sea lentamente, o si está totalmente estancado. Si vemos que nuestro hijo
está angustiado a la hora de hacer sus tareas, si pide mucha ayuda o
no es capaz de resolver los problemas que se le plantean, es posible
que tenga alguna dificultad para asimilar conceptos o rutinas. Si
nos damos cuenta de que durante cuatro meses no ha evolucionado

en absoluto, es un indicativo. Consultemos a un especialista para saber en qué orden está esa dificultad y para proceder según el diagnóstico.

◆

85. Cómo transmitir confianza para vencer las dificultades

Para que nuestro hijo se sienta capaz de vencer las dificultades, debe confiar en sí mismo, en sus capacidades, y para poder hacer eso, debemos haberle enseñado a ser autónomo. Además, tenemos que enseñarle que ser autónomo no significa que nunca deba pedir ayuda; si realmente la necesita, puede pedirla sin sentir en ningún momento que eso mengua su capacidad. Todos necesitamos ayuda, y eso no nos hace menos válidos.

Podríamos decir que existen dos clases de niños en lo que se refiere a la autonomía: los que están sobreprotegidos porque sus padres quieren que saquen las mejores notas posibles y, por lo tanto, les hacen los deberes y no les permiten aprender y desarrollarse por sí mismos; y los que deben hacerlo todo solos, sin ninguna ayuda por parte de sus padres, porque estos llegan tarde y cansados del trabajo y no quieren tener que preocuparse de estos temas. Ninguno de los dos extremos es bueno para reforzar la autonomía y la confianza de nuestro hijo; el primero no aprende a ser independiente ni a sentirse motivado por lo que puede aprender, y el segundo es autónomo por obligación, no por motivación, y se siente desprotegido.

El primer espacio de motivación y de trabajo de la autonomía está en casa. Es preciso hallar un término medio entre la sobreprotección y el desentenderse por completo del hijo. Debemos encontrar un punto evolutivo, en el que acompañemos a nuestro hijo durante el proceso de aprendizaje. Al principio estamos con él, de vez en cuando entramos en su habitación para ver cómo le va, si necesita ayuda, pero nunca nos quedamos para hacer por él sus deberes. A medida que va cogiendo confianza y va aprendiendo a hacer las cosas por sí mismo, entraremos cada vez menos, pero seguiremos cerca, para que sepa que estamos a su lado y que puede contar con nosotros si nos necesita.

Debemos reforzar su autonomía, por lo que es interesante resaltar las cosas que hace solo, lo bien que las ha hecho.

◆

86. Alimentar su motivación

Como ya hemos leído en varios apartados de este libro, la motivación es imprescindible en el esfuerzo para alcanzar una meta. Cuando estamos motivados, tenemos más ganas, mayor interés y somos capaces de fijarnos retos personales. En definitiva, la motivación es lo que alimenta nuestras ganas de crecer, de aprender, de descubrir o de superar las dificultades. Si no estamos motivados, bajaremos los brazos y nos rendiremos.

Un punto importante a la hora de estimular la motivación de nuestro hijo es recordar que nunca desprestigiaremos ni despreciaremos su esfuerzo. Si se esfuerza y no lo consigue, no podemos decirle que es un torpe o un inútil. Eso haría que su motivación bajara en picado y que ya ni lo intentase. Debemos valorar su esfuerzo y presionarle un poco, decirle que estamos seguros de que puede hacerlo mejor.

Le motivamos también al mostrarle que las cosas no las tiene que hacer para satisfacer a sus padres, sino a sí mismo. La gran mayoría de los niños cree que debe ser un estudiante brillante porque es lo que quieren sus padres. Eso probablemente ocurre porque no sienten satisfacción por lo que hacen. Debemos transmitir a nuestro hijo que, aunque nosotros estaremos encantados con sus calificaciones, él debe sentirse muy orgulloso por haberse esforzado. Se trata de que aprenda a valorar su propio esfuerzo, descubra qué resultados obtiene y pueda disfrutarlos. Si le recriminamos que no ha sacado un diez, a pesar de haberse esmerado, difícilmente se sentirá orgulloso de su esfuerzo.

---

87. La ansiedad: cómo la apreciamos y cómo les ayudamos a superarla

Distinguimos muchos casos de ansiedad en el apartado de los estudios. Hay niños que sufren mucho con la mera idea de tener que presentar un trabajo en clase o de hacer un examen. Son niños con mucha inseguridad, que se estresan, se ponen nerviosos y, en lugar de saber enfrentarse a la situación, se bloquean. Se angustian porque tienen que hacer ese trabajo o ese examen, y lo pasa mal.

Observemos cambios. Nosotros conocemos a nuestro hijo. Si en los momentos de estudio no le hacemos caso y nunca le preguntamos nada acerca de su día a día, será difícil que detectemos si padece o no ansiedad ante una situación. Por eso, es importante ser una figura presente en su vida, fomentar la comunicación y demostrarle que estamos a su lado.

La consigna ante la ansiedad de nuestro hijo es, sobre todo, no añadir leña al fuego. No dramaticemos, de lo contrario le generaremos más ansiedad y será difícil que se desbloquee. La ansiedad puede venir del miedo al fracaso, o al ridículo o al castigo por fallar. Si queremos evitar que la ansiedad crezca, no le frustremos más. Si ha sacado una nota justa, no podemos enfadarnos con él; debemos valorar su esfuerzo, que sepa que cualquier esfuerzo que haga será valorado. Y que si le sale mal, puede volver a intentarlo. Que se

arriesgue sin ponerse tan nervioso, y poco a poco el engranaje irá
funcionando por sí solo, sin que él se dé cuenta.

Juan come con ansiedad

Cuando Juan tenía 3 años, su madre acudió a mi consulta para tratar
un problema de ansiedad. Ella se acababa de separar; el niño no aceptaba a su nueva pareja y empezó a comer de forma compulsiva para
hacer frente a los nervios que le provocaba la situación.

El niño ya tenía sobrepeso, pero la madre no se cuestionaba el
tema de la obesidad, sino solo la ansiedad de su hijo. Yo la convencí
de que lo primero que debíamos tratar era el sobrepeso de Juan, y así
lo hicimos.

Al tomar conciencia del problema y aplicar medidas concretas,
pudimos corregir los hábitos del niño y resolver muy bien la situación.
En poco tiempo, Juan dejó de comer compulsivamente. Perdió peso
y aprendió a controlar sus emociones.

---

88. ¿Cómo reconocemos y abordamos un estado depresivo?

Cuando hablamos aquí de estado depresivo en niños, no nos referimos a la depresión (que también existe entre los más pequeños),
sino a una distimia, un trastorno que se caracteriza por un tono vital
bajo, dejadez, desgana, tristeza y apatía durante varios días. Por supuesto, hay niños con un cuadro psicológico de depresión, pero son
un porcentaje mucho menor, y el pediatra se encarga de diagnosti-
carlo y de proponer un tratamiento.

Cuando vemos que nuestro hijo está triste, no tiene ganas de hacer nada y está apático durante varios días, es que algo pasa. Puede tener relación con el cole, con la familia, o que haya escuchado a unos amigos hablar de la separación de sus padres y él piense que quizá a él le va a pasar lo mismo. Ante estos casos, es importante buscar la causa de este estado emocional. Los cambios en el entorno pueden afectar al estado anímico de nuestro hijo. La muerte de un familiar, la separación de los padres, algún problema en la escuela o con los amigos, o un desengaño amoroso si pensamos en nuestros adolescentes, puede llevar a nuestro hijo a entrar en un estado depresivo en el que no tenga ganas de hacer nada.

Algunos niños temen contar lo que les pasa porque creen que sus padres les reñirán, les dirán que se lo están inventando o les quitarán importancia. En la comunicación con nuestro hijo resulta fundamental demostrar que nos creemos lo que nos cuenta y que nos parece importante. Hay momentos en los que nuestro hijo sufrirá porque uno de sus mejores amigos ha decidido ir con otros niños y ya no le hace caso. Desde nuestra perspectiva de adultos, eso no parece relevante, pero para él lo es. No podemos reírnos de él o decir que no pasa nada. Debemos respetar sus sentimientos y acompañarle en su proceso.

Asimismo, es importante comunicar el estado emocional de nuestros hijos al entorno: familiares, profesores... Algunos padres no informan a la escuela de que se separan, para evitar que hablen de ellos, cuando en realidad eso permitiría que los profesores comprendieran mejor el comportamiento y el estado anímico del niño.

89. ¿Nuestro hijo sufre un bloqueo emocional?

Hay situaciones en las que nuestro hijo puede sufrir un bloqueo emocional. A veces, sin haberlo provocado, se encuentra inmerso en una realidad que le supera y le genera mucha angustia o le provoca nerviosismo. Si, por ejemplo, un día oye a sus padres hablar entre ellos sobre la posibilidad de cambiarlo de colegio el año siguiente, la idea de ese cambio puede bloquearle. Lo más probable es que, además, no se atreva a preguntar el motivo de esa decisión.

En ese sentido, tenemos que explicarle la realidad. No con detalle, pero tampoco disfrazándola por completo. Hay que evitar que se entere sin querer o, peor aún, que especule sobre ella. Es importante que comprenda la situación en la que está; eso sí, siempre resaltaremos que todas las situaciones son igual de buenas y que los cambios no son malos. No debemos exagerar lo bueno, pero tampoco mentir. <u>Debemos solidarizarnos con él, comprender que los cambios le producen inquietud, e intentar que nos aclare lo que le produce angustia</u>.

El bloqueo emocional conlleva que el niño se encierre en sí mismo y no quiera hablar. En ese caso, nunca debemos forzarle. Lo que sí podemos hacer es preparar el terreno para que se sienta cómodo por si quiere hablar en algún momento. Debemos, como hemos dicho, solidarizarnos con su situación, decirle que sabemos que hay momentos en los que se pasa mal y no se quiere hablar con nadie; que no es malo, pero que si quiere desahogarse, estamos allí a su lado para lo que necesite. A veces, para suavizar un poco la situación, podemos proponer algún cambio en la rutina, algo novedoso que pueda captar su atención y sacarlo de ese estado de bloqueo.

Noemí y su mutismo

Un día, Noemí decidió no hablar más en clase. Sus padres explicaban que en casa hablaba por los codos, bailaba, cantaba... pero en el colegio, nada. Silencio absoluto. Los niños de su clase pensaban que era muda, y la maestra, desesperada ante ese mutismo, decidió sacarla del aula y decirle que hasta que no hablara no volvería a entrar.

Cada día se convirtió en una lucha para que hablara, pero la niña no decía ni hola. Conscientes de que esa presión solo empeoraba el bloqueo, les pedimos a algunos niños de la clase que la invitaran a una fiesta.

En un grupo más pequeño y fuera del entorno escolar, Noemí habló. Tras ese día, su bloqueo desapareció, porque se dio cuenta de lo importante que era para sus compañeros oírla hablar. Al indagar un poco, descubrimos que el origen del bloqueo en la escuela era que acababa de tener un hermanito y que el nacimiento del pequeño había coincidido con el cambio de centro. Estaba tan desorientada que se había bloqueado y se había encerrado en sí misma.

---

90. Superar una fobia, tics, manías...

Las fobias son trastornos que afectan tanto a pequeños como a mayores y que tienen mucho que ver con la inseguridad de la persona. Ante ciertas situaciones —estar ante un animal, oír un petardo, estar en un sitio cerrado, etc.—, el niño desconoce qué puede ocurrir y eso hace que se sienta inseguro. Esa inseguridad que puede derivar en fobia puede expresarse de diferentes maneras y en diferentes grados: es posible que nuestro hijo no quiera acercarse a un perro en la calle, pero también puede ser que se niegue a ir al parque o a cualquier lugar donde haya plantas porque no soporta la idea de estar en un lugar en el que puede haber arañas. En otros casos, la fobia llega a afectar a la vida cotidiana del niño impidiéndole hacer actividades que otros niños hacen con normalidad.

Hay que tener en cuenta que la fobia no es un simple miedo, sino que puede paralizar al niño e incluso llevarle a tener un ataque de histeria.

En pleno ataque de histeria fóbica, no debemos forzarle a que se enfrente a su miedo sin más ni apartarle con brusquedad de esa situación. Solo cuando esté calmado podremos invitarle a acercarse al animal o a la situación que le da miedo, para que compruebe que no pasa nada.

La mejor manera de enfrentarse a una fobia es mediante una estrategia de acercamiento, de aproximación. Si no soporta a los perros, por ejemplo, le introduciremos en el mundo canino mediante fotos, vídeos o un cuento, para que se familiarice con el animal.

El proceso de aproximación no debe ser muy rápido, ni tampoco muy lento; debe tener el ritmo necesario para que nuestro hijo gane confianza. Cuando empiece a acercarse al animal, reforzaremos su conducta, su esfuerzo y le animaremos a seguir, a que no tenga miedo; a medida que avance y se acerque cada vez más, reforzaremos menos, para que nuestro hijo viva ese acercamiento con naturalidad.

Algunas fobias son temporales, duran pocos meses. En el momento en que el elemento que producía miedo a nuestro hijo desaparece durante un período prolongado de tiempo, la inseguridad desaparece y, con ella, la fobia.

Por otro lado, debemos ser conscientes de que hay situaciones que son más cotidianas que otras y que, en ese caso, será realmente necesario que enseñemos a nuestro hijo a enfrentarse a ellas para que pueda llevar una vida normal.

Las fobias no son genéticas. Nuestro hijo no desarrolla una fobia porque nosotros la tuvimos de pequeño. Lo que puede ocurrir es que sienta nuestro miedo y lo asuma como propio. De la misma manera en que le enseñamos a no ser imprudente, también hay que enseñarle a no ser excesivamente prudente. Hay que encontrar el punto medio: no hace falta ir corriendo hacia un panal lleno de abejas, pero tampoco salir corriendo al ver una.

Por otra parte, <u>las manías y los tics se asocian normalmente a los niños que están pasando por un período de cambios importantes en su vida</u>. Esa situación de cambio produce un estado de descontrol nervioso.

Hay tics y manías que se presentan unos meses y luego no vuelven a aparecer. Otros, por el contrario, se instauran y llegan a formar parte del sistema nervioso del niño, de su fisiología. En estos casos es necesario acudir a un especialista y seguir la medicación específica para tratar los tics.

No podemos reñir al niño cuando tiene tics, porque son involuntarios. Es consciente de que los tiene, pero no puede evitarlo y sufre por ello, porque, normalmente, las personas con tics son objeto de burla. Ni le culparemos ni dramatizaremos. Si le insistimos en que deje de toser, o de guiñar el ojo, lo único que conseguiremos será agobiarle más y acentuaremos su necesidad de hacerlo.

Teo ha catalogado sus tics

Teo era perfectamente consciente de sus tics y del orden con que los repetía. Cuando hablé con sus padres sobre la situación familiar, para ver cuál podía ser el origen de aquellos tics, descubrí que Teo era el hermano gemelo de otro niño al que sus padres adoraban porque era perfecto.

Teo era el que se las cargaba todas, el que lo hacía todo mal y el único que recibía críticas. Se puso tan nervioso ante esa situación que generó una serie de tics. Para mejorar, decidimos cambiar algunas cosas en casa y hacer que los padres empezaran a valorar algunos aspectos de Teo y a criticar determinados comportamientos de su hermano gemelo.

Raúl no quiere que toquen su silla

El caso de Raúl era curioso. Con 13 años, y en plena adolescencia, tenía una silla que era solo para él. Antes de sentarse en ella, la limpiaba. Necesitaba lavar y doblar cualquier cosa que se ensuciara. Su madre tenía que limpiar la ropa de Raúl aparte para que no tocara la de otros y no se contaminara.

Raúl era un caso claro de una manía instaurada de manera feroz. Esta clase de manías están relacionadas casi siempre con situaciones familiares muy difíciles. Indagando, descubrí que tenía una situación familiar complicada, con una madre muy nerviosa, sobrepasada por sus hijos, su marido y su casa, que no paraba de gritarles. La manera que Raúl había tenido de protegerse de esa realidad era esa silla, que siempre estaba limpia y permitía que se aislara de su entorno.

La terapia consistió en intentar reorganizar la rutina familiar, un orden en el que todos pusieran de su parte para rebajar el estrés, y en racionalizar la manía de Raúl buscando recursos personales para ganar calma y seguridad. Propusimos que disfrutara de un espacio propio en casa, como los que cada uno de sus hermanos debía crear, y fomentamos la tolerancia a compartir para mejorar la convivencia.

◆

91. El problema de una adicción y cómo encauzarla

Las adicciones son comportamientos que no favorecen el desarrollo del niño e implican una dependencia. Hay diferentes tipos de adicción: a la televisión, a internet, a los videojuegos, al móvil, a cierto tipo de comida, a las drogas...

No todos los niños que ven la televisión varias horas están enganchados; no todos padecen una adicción. Habrá niños a los que les ofreceremos actividades alternativas y estarán encantados de poder hacerlas. Otros, en cambio, en el momento en que les quitemos la televisión, o el móvil o los videojuegos, empezarán a mostrar signos de estrés, de ansiedad: gritarán, llorarán, se sentirán los más desgraciados del mundo y chantajearán a sus padres para que le devuelvan lo que necesitan.

Cuando un niño está enganchado a algo, tiene que reconocerlo. Lo primero que debe entender es que está creando una conducta adictiva y que eso no le reporta ningún bien; debe comprender que queremos ayudarle para que se recupere. Empezaremos por no culpabilizarle, haciéndole saber que eso les pasa a otros niños y que nosotros vamos a estar a su lado para ayudarle a mejorar.

Para facilitar el proceso de «desenganche», es importante que nuestro hijo sepa que hay una gran diversidad de opciones a su alrededor. Si está enganchado a los videojuegos y lo que decidimos es quitárselos sin más, lo pasará muy mal. Debemos ofrecerle alternativas, otras opciones para que entienda que puede hacer otras cosas con su tiempo.

Pero ¿qué pasa cuando la adicción no es a la televisión, sino a una sustancia peligrosa y dañina como el alcohol o las drogas? Ese tipo de adicciones pueden aparecer en la adolescencia, cuando llegan a la edad en que quieren probarlo todo y romper con los límites y las normas que se les han pautado. Muchos padres creen que sus hijos ni fuman ni beben, que eso lo hacen los hijos de los demás. Pero es posible que se equivoquen y, para evitar problemas mayores, conviene prevenir.

Para prevenir, lo más importante es la educación y la información. Debemos ser conscientes de la realidad en la que se encuentra nuestro hijo. En estos casos no sirve que le digamos que no queremos que fume y punto. Hay que razonar con él, explicarle por qué motivo el tabaco o las drogas o el alcohol son malos, y apoyar nuestra opinión en artículos, documentales, para que vea que no es un capricho nuestro. Si intentamos convencerle desde el drama o la amenaza, no conseguiremos nada.

Cuando percibimos que nuestro hijo adolescente está enganchado a alguna sustancia nociva, debemos actuar para llegar a tiempo. Probablemente nos diga que él lo controla, que no pasará nada, pero hay un problema: una adicción no es controlable. Los padres debemos ser firmes y hacer patente el problema; debemos explicar a nuestro hijo que no podemos permitir que siga por ese camino, que le vamos a ayudar y que lo superaremos juntos. Insistiremos en que es algo que les pasa a otros jóvenes y que se puede arreglar.

Retomamos el tema de la comunicación: para que nuestro hijo se sienta cómodo con nosotros en una etapa difícil como la adolescencia, tenemos que haber trabajado la confianza y la cercanía desde que era pequeño. Si hemos ido siguiendo su evolución y nos hemos acostumbrado a hablar con él, sabremos detectar que hay un problema y tendremos más herramientas para respaldarle.

Bruno y la batería

Bruno era un chico brillante. Sacaba buenas notas, era educado, inteligente y amable. Un día pidió a sus padres una batería porque quería ser músico. Sus padres le dieron como respuesta un no rotundo.

Él la volvió a pedir, a exigir, pero ellos se mantuvieron firmes. De repente, un día vieron que su hijo entraba en casa con un bombo, otro día con un plato, y poco a poco fue teniendo todas las piezas de la batería. Cuando sus padres preguntaron de dónde las había sacado, el chico contestó que se las habían prestado.

Fue entonces cuando la madre de Bruno se dio cuenta de que pasaba algo. Descubrió que su hijo estaba traficando con marihuana para conseguir el dinero para comprarse la batería. En lugar de echárselo en cara, le dijeron que habían descubierto cómo ganaba el dinero y que no podían permitirlo porque podía derivar en problemas mucho mayores.

Así que le obligaron a devolver la batería y empezaron a darle una paga semanal. Si durante una temporada se portaba bien, se plantearían la posibilidad de comprarle la batería.

Susana fumaba porros

Susana estaba en plena época adolescente. A los 15 años sufrió anorexia con autolesiones. Era una niña muy introvertida que tenía muchos problemas con sus padres. Su autoestima era muy baja y estaba cargada de complejos.

Cuando consiguió aceptar su imagen, empezó a relacionarse con los demás. Sin embargo, por culpa de su baja autoestima, se dejaba manipular fácilmente. Si sus compañeros y compañeras fumaban, ella también; si bebían, Susana hacía lo mismo.

Era una chica sin capacidad de decisión, porque no tenía seguridad en sí misma. A resultas de ello, empezó a fumar un porro a la semana y acabó fumando entre dos y tres porros al día. Podíamos hablar ya de una adicción.

Hablé con sus padres para que buscaran la manera de que Susana dispusiera de poco tiempo libre, pues cuanto más vigilada estuviera, menos fumaría. No obstante, antes hubo que ingresarla toda una Navidad en el Hospital Clínic de Barcelona, donde tratan de manera especializada todo tipo de adicciones.

Tras abandonar el hospital, la chica estaba dolida y decidió que solo hablaría del problema conmigo. Entre las dos hicimos pequeños pactos y le fui planteando retos: de fumar cinco porros a la semana a solo fumar cuatro, de cuatro pasamos a tres, y así sucesivamente.

Su autoestima se iba reforzando cuando veía que había sido capaz de hacer lo que yo le pedía. Además, empezó a reconocer que esa adicción empeoraba sus notas y que su aspecto físico se deterioraba; tenía somnolencia, no se sentía bien, etc. Cuando fue consciente del problema, nos pusimos manos a la obra y, después de un año muy duro, Susana superó su adicción.

◆

92. ¿Cómo prevenir posibles adicciones?

La respuesta es cercanía. Es necesario que seamos capaces de crear un espacio de confianza y complicidad. Para ello, la comunicación no debe ser unilateral: no se trata de interrogar a nuestro hijo cada vez que vuelve del colegio o sale a la calle con sus amigos, porque el niño sentiría que nos estamos entrometiendo en su vida, controlándole, en lugar de interesarnos por él y de establecer lazos. Contémosle lo que nos ocurre o preocupa. Compartamos nuestras impresiones. Si podemos establecer este tipo de confianza y sabemos mantener un espacio de comunicación franco y agradable, nos será más fácil detectar si hay algún problema y acercarnos a nuestro hijo para hablar de ello.

El otro aspecto importante de la prevención es, como hemos dicho antes, la información, la educación. Y cuanta más cercanía tengamos con el niño, más y mejor podremos informarle. No tenemos por qué darles los detalles morbosos sobre los problemas con las drogas o el alcohol (cabe la posibilidad de que incluso les despertemos más curiosidad), lo que hay que hacer es señalar que son conductas innecesarias y que ellos no las necesitan porque disfrutan de una vida sana, plena y tienen otras aficiones que son mucho más interesantes y menos nocivas.

Javier se llena los bolsillos

Javier es un niño adoptado que siempre regresaba de la escuela con los bolsillos cargados de gomas de borrar, bolígrafos y otros objetos que no le pertenecían. Sus padres no eran conscientes de la importancia de este mal hábito, lo encontraban incluso gracioso.

Cuando llegaron a mi consulta para tratar otro tema y comentarme de pasada este hecho, les hice ver que si no corregían esta actitud, podía convertirse en una adicción peligrosa.

Además de implicar a los padres en el problema, les sugerí que se coordinaran con los profesores para atajarlo con sensibilidad. En casa empezaron a dosificarle los juguetes, ya que vivía entre montañas de ellos, lo que le había llevado a no valorar las cosas.

En la escuela, la maestra adquirió la rutina de registrarle los bolsillos al salir de clase. Lo hacía como un juego y, los días que Javier no se había llevado nada de otros niños, lo felicitaba y cimentaba esta actitud a través del refuerzo positivo; pero si encontraba algo que no era suyo, se lo hacía devolver a su dueño, una situación que resultaba muy embarazosa para el pequeño. Dos meses después, Javier había abandonado el hábito de la cleptomanía sin esfuerzo.

◆

93. ¿Podemos conocer y controlar el entorno social de nuestro hijo?

Los posibles problemas con el entorno social de nuestro hijo suelen empezar en el período de la adolescencia. Es entonces cuando siente la necesidad de pertenecer a un grupo con el que identificarse, y ese grupo acaba siendo más importante que la familia y lo que le hemos enseñado. Hasta que no viven esa etapa, los niños no tienen esta clase de vínculos de amistad; sí que tienen amigos, pero no determinan tanto su conducta ni son tan importantes. Cuando son pequeños es más fácil reconducir una amistad, ya que no es tan profunda ni hay tanta lealtad.

El problema real no es que el grupo de amigos sea más importante que la familia, sino lo que nuestro hijo puede aprender en ese grupo. Si lo que le aportan estos amigos es una conducta negativa y le incitan a cometer actos desagradables e ilegales, entonces los padres debemos actuar. Si hemos hecho un buen seguimiento de nuestro hijo, seremos capaces de detectar los cambios y saber si esas amistades le convienen o no. Pero ¿qué haremos para que no tengan tanta influencia sobre nuestro hijo? No podemos prohibir que frecuente a sus amigos, pues se aferraría más a ellos y nos mentiría para verles. Pero sí que <u>podemos proponerle opciones, otras actividades que le tienten, mostrarle otros entornos que no sean los de ese grupo</u>.

Otra opción para controlar el posible efecto negativo del entorno social de nuestro hijo es establecer unas normas estrictas, sobre todo en lo que respecta a los horarios. No importa que sus amigos queden entre semana: nosotros no queremos que lo haga y deberá cumplir las normas si no quiere que le quitemos alguno de sus privilegios.

Es aconsejable saber cuáles son las compañías de nuestro hijo para que tengamos una idea de si le convienen o no. No se trata de espiarle sino de estar atentos y mostrar interés por sus amigos. A veces, es necesario hacer un seguimiento desde las redes sociales, pero no con ánimo de acusación, sino preguntando o comentando cosas sobre los amigos de nuestro hijo.

No está en nuestras manos prohibir una amistad. Nuestra labor es enseñarle a nuestro hijo unos valores y unas capacidades que le permitan juzgar sus propios actos y que, a su vez, le sirvan para valorar los de sus amigos. Debemos incentivar que sea él mismo quien decida lo que le conviene. Si tenemos una buena comunicación con él, podremos analizar juntos las situaciones conflictivas, ayudarle a que reflexione y comprenda que él o sus amigos pueden haber cometido un error. No se trata de impedir que salga con esas personas, sino de advertirle y hacerle comprender que en su compañía pueden pasar cosas y que confiamos en su buen juicio.

---

94. Cómo estar alerta o evitar las «malas compañías»

Cuando sospechamos que nuestro hijo va con personas poco aconsejables, debemos practicar una estrategia que forma parte del saber popular: «Si no puedes con tu enemigo, únete a él». Podemos proponerle que invite a sus amigos a hacer los deberes, a estudiar o a ver una película alguna tarde. Así conoceremos bien sus amistades, sabremos qué dicen y qué hacen, y podremos comentarlo con nuestro hijo. Por su inmadurez, él no es capaz de distinguir por sí solo por qué una persona es desaconsejable. Por eso debemos ayudarle a entenderlo. No se trata de sentenciar y decir que sus amigos son malas personas y que, por lo tanto, debe dejar de salir con ellos, sino de invitar a nuestro hijo a que evite ese camino y ayude a sus amigos a ser más prudentes también.

Óscar y sus antiguos amigos

Durante unos años, Óscar fue a un instituto en el que se juntó con lo peorcito de la clase. Con 15 años empezó a fumar, a beber e incluso a robar. Sus padres, horrorizados, decidieron cambiarlo de colegio, pero, en lugar de hacer nuevos amigos, Óscar seguía quedando todas las tardes con su antiguo grupo y continuaban haciendo lo mismo de antes.

Cuando sus padres se enteraron de que, además de robar, su hijo traficaba con marihuana, decidieron poner freno a la situación. Le prohibieron salir por las tardes después del colegio, aunque no le impidieron seguir en contacto con su antiguo grupo a través de las redes sociales. Poco a poco le ayudamos a que hiciera nuevas amistades y, gracias a ese nuevo entorno, su conducta mejoró.

◆

95. Pautas para reforzar la personalidad de nuestro hijo: capacidad para elegir con criterio

Es un hecho que existen niños con personalidades más fuertes y otros con personalidades más inseguras, más débiles. Pero también es un hecho que la inseguridad puede trabajarse y que los padres somos fundamentales para ayudar a nuestros hijos a reforzar su autoestima.

Los niños inseguros y con una personalidad más débil suelen arrimarse enseguida a un líder, así tienen a quien imitar y no deben preocuparse de tomar decisiones, porque todo lo propone el otro. A la gran mayoría de estos niños inseguros, muy pocas veces se les ha reforzado sus cualidades y sus habilidades, y, sin embargo, se les ha resaltado constantemente sus aspectos negativos, hasta generar en ellos una inseguridad que les frena a la hora de ser dueños de sus propias decisiones.

Para contrarrestar esta inseguridad, es importante que les demos protagonismo y que destaquemos sus cualidades, aunque sean pocas. Normalmente, muchos de los niños inseguros son tímidos, y esa timidez es entendida como un problema por parte de los padres y, en consecuencia, por parte del hijo. La timidez en sí misma —siempre que no sea patológica— no es dañina. De ahí que debamos proporcionarles recursos emocionales para que no vivan esa timidez como algo negativo: señalar, por ejemplo, que escuchar también es una virtud y que hay muchas personas que lo aprecian; que a veces escuchar es la mejor manera de estar en un grupo y mostrar interés.

---

96. ¿Nuestro hijo es objeto de acoso escolar o *bullying*?

¿Cómo podemos saber si nuestro hijo es víctima de acoso escolar? Quizá el primer paso sea aclarar qué es el acoso escolar. En principio, el hecho de que un niño de la clase se meta con nuestro hijo y él se sienta rechazado, no debe considerarse *bullying*. Por supuesto, ese rechazo le afecta, pero puede acercarse a otros niños de la clase y hacer nuevos amigos. Si nosotros nos enfadamos y sacamos la situación de contexto, lo más probable es que nuestro hijo sufra todavía más por ese rechazo y le cueste el doble superarlo.

Sin embargo, cuando un grupo numeroso de compañeros de clase acosa, rechaza o maltrata a nuestro hijo, estamos ante un caso de acoso escolar. Es en estas circunstancias cuando debemos actuar y ponernos en contacto con el colegio para pautar la manera en que se puede ayudar a nuestro hijo a salir de esa situación.

El caso de Borja y el acoso escolar

Muchos niños no son conscientes del daño que infieren cuando acosan a un compañero. Borja, de 13 años, era una persona de gran corazón, que incluso podríamos tachar de ingenuo o bonachón. Cuando llegó a la consulta, sus padres no daban crédito de que el colegio lo hubiera sancionado por intimidar con mensajes a otra niña de su curso. Y yo tampoco podía creerlo.

Borja había cambiado de un colegio pequeño, donde recibía mucha atención, a otro grande de la ciudad, donde la única vía para conseguir aceptación fue someterse a la presión de otros niños, que lo ponían a prueba pidiéndole, justamente, que molestara a las niñas.

Él pensaba que era divertido hasta que le hicimos ver que estaba perjudicando a sus compañeras de colegio, y se sintió avergonzado y desubicado. No sabía escapar de ese rol que le habían adjudicado otros, porque, si lo abandonaba, perdía a esos amigos. Pese a los castigos de sus padres y profesores, no sabía cómo salir de ese callejón sin salida.

No todos los niños cometen agravios por maldad inherente, sino porque no tienen claro qué está bien y qué está mal. Por eso, debemos observar, padres y profesores, si existen cambios en su comportamiento, para detectar cualquier situación fuera de lugar.

◆

97. Ayudarle a que venza la timidez o fobia social

Acabamos de indicar que la timidez en sí no es un problema, pero si llega a ciertos extremos en los que afecta por completo el desarrollo normal de nuestro hijo, debemos atajarla. La timidez o fobia social no significa que a nuestro hijo le dé vergüenza hablar en público, sino que ni siquiera puede pensar en enfrentarse al universo de las relaciones sociales; le da pánico encontrarse en una situación así y, como le da pánico, se encierra más en sí mismo y cada vez tiene menos habilidades para comunicarse. En definitiva, esa timidez patológica le puede llevar a entrar en un bucle negativo en el que cada vez será menos capaz de tratar con las personas.

Cuando nuestro hijo padece una fobia social, por ejemplo a la escuela, conviene propiciar la creación de ciertos entornos en los que tenga la posibilidad de relacionarse de forma lúdica, con pocas personas, y en los que pueda expresar su parte emocional; un espacio que no tenga que ver con el entorno escolar y en el que se encuentre con otros niños: clases de música, de pintura...

Cuando esta fobia social impide que nuestro hijo salude, por ejemplo, a unos amigos a los que nos encontramos por la calle, no debemos obligarle a que lo haga ni recriminarle por no saludar. Lo aconsejable es facilitarle espacios en los que pueda sentirse cómodo haciendo el esfuerzo de comunicarse con los demás, pero nunca debemos forzarle, ni mucho menos afirmar que lo que le ocurre es un problema, de lo contrario él sufrirá todavía más. Le explicaremos que es algo que les pasa a otras personas, tanto niños como adultos, y que hay maneras de resolverlo. Poco a poco podrá ir haciendo pequeños esfuerzos hasta superar el problema.

Alba se siente mal en el colegio

Alba es una adolescente que no va al instituto desde hace cuatro meses. Sale a la calle, pero no quiere ir al colegio. Cada vez que intentamos pactar algún acercamiento, como ir a visitar a la tutora, al principio dice que lo intentará, pero luego no se ve capaz.

También han intervenido algunos de sus amigos, que la llaman por teléfono para proponer que queden por la mañana para ir a clase;

pero ocurre lo mismo: en un primer momento dice que sí, pero luego no puede. En este tipo de casos, muchos padres obligarían a sus hijos a ir al colegio, pero la madre de Alba comprende a su hija, la entiende y la protege porque sabe que ha tenido una infancia complicada.

En situaciones como la de Alba, las estrategias no son suficientes. Hay que encontrar el problema de base, tratar la fobia y esperar a que su estado mejore. La madre, por ahora, ha decidido hacer cambios en su vida, quizá mudarse a otra ciudad, para ver si los cambios de aires hacen que su hija sea capaz de enfrentarse a una clase.

◆

98. Formas de saber cuándo un hijo vive una situación de riesgo

Las situaciones de riesgo en las que podría meterse nuestro hijo son diversas: desde que esté manteniendo relaciones extrañas con personas poco recomendables, hasta que esté desarrollando algún tipo de adicción o haya empezado a robar.

Pero ¿cómo detectar que algo va mal? Notamos que está poco comunicativo, encerrado en sí mismo, irritable, serio y sin ganas de saber nada de su familia; hace llamadas raras o sale con gente a la que no conocemos. Esta clase de conductas son fácilmente detectables por los padres que llevan muchos años observando a su hijo y saben cuándo algo no va bien. Si notamos cambios bruscos, tanto en el comportamiento como en el estado emocional de nuestro hijo, debemos actuar.

Es aconsejable que, antes de hablar con él, comprobemos qué está pasando y qué problema tiene para poder abordar el tema con la mayor serenidad y sinceridad posibles. Es bueno investigar un poco, descubrir qué nos oculta y por qué.

Nuestra primera reacción, delante de él, al darnos cuenta de que está en una situación de riesgo, no debe ser de acusación, sino de comprensión. Le transmitiremos que sabemos que está pasando por un momento difícil y que él no podrá solucionarlo por su cuenta, que necesitará nuestra ayuda o la de un profesional. Y para que nos escuche, tenemos que hablar claro, sin rodeos. No sirve que le digamos que «creemos» que le pasa algo. Lo sabemos. Y él tiene que saber que nos preocupamos por él, que hemos notado que algo no va bien y que hemos decidido hablar con él para que tenga la seguridad de que cuenta con nosotros y con nuestra ayuda.

La ayuda consiste, precisamente, en plantear el problema y la solución que le ofrecemos. El asunto no se resume en castigarle, sino en ofrecerle alternativas, una nueva vida, con unas nuevas normas que le empujen a salir de esa situación, con el apoyo de un especialista si es necesario.

◆

99. Superar bien un complejo

Sentirse acomplejado por algún aspecto físico o de nuestra personalidad es algo habitual tanto en adultos como en niños. Para evitar que esos complejos se conviertan en verdaderos problemas, debemos ser capaces de reforzar las habilidades y las virtudes de nuestros niños y adolescentes.

Cuando nuestro hijo tiene un complejo de componente físico, sea porque en el colegio se meten con él por llevar gafas o por tener las piernas flacas, sea porque realmente tiene un problema físico evidente en el que es difícil no fijarse, y menos entre niños, debemos reforzar una idea clásica que se repite mucho pero que no funciona si no nos la creemos realmente: lo importante no es el físico. Sí, quizá la gente se burle y es posible que hagan que nuestro hijo se sienta mal. Pero el problema no es de nuestro hijo, sino de esas personas que no saben valorar más allá del físico.

Para que esas burlas no desanimen al niño, toca recordarle sus otras cualidades, recalcarle que hay muchas otras personas que, siendo feas o teniendo defectos físicos, han logrado ser grandes personas, grandes artistas o inventores. Podemos poner ejemplos para que se sienta más seguro y, sobre todo, empujarle a trabajar y dar rienda suelta a todo el potencial que tiene en otros ámbitos, para que interiorice que no todo el mundo lo juzgará por su físico.

Otros niños, por su parte, tienen complejo de tontos. A su alrededor todo el mundo dice que no saben hacer las cosas o que no se enteran de nada o que, directamente, son tontos. Al comentarlo en su presencia, si el refuerzo negativo que recibe el niño es constante, y lo etiquetamos como tonto, al final se creerá que lo es y se sentirá mal por ello, porque creerá que no puede hacer nada al respecto.

Quizá no sea el más listo de la clase, pero puede desarrollar otras aptitudes, desarrollar su inteligencia emocional, su capacidad artística o expresiva. Debemos enseñarle a encontrar los aspectos de su personalidad que pueden compensar los otros aspectos que le producen complejos y así aprender a superarlos.

Algunos niños incluso aprenden a reírse de sus complejos. ¿Cómo lo consiguen? Porque les hemos enseñado que hay mucho más en ellos y que no deben centrarse en ese defecto. Si ellos no le dan importancia, los demás tampoco lo harán.

Sara siempre usa los mismos pantalones

Sara es una niña de una familia acomodada que solo quería ir a la escuela con un par determinado de pantalones, ya que pensaba que eran los únicos que gustaban a sus amigas. Según Sara, cuando llevaba otros, se reían de ella. Por eso no aceptaba ningún tipo de variación en esa parte de su vestimenta.

De entrada, la convencí de que era una solemne tontería dar más importancia a unos pantalones que a su simpatía o inteligencia, entre otras virtudes.

El tratamiento consistió en fomentar su seguridad y autoestima haciendo hincapié en que hay otros valores, además de los estéticos. Le enseñé a reforzar, a través del carácter, su posición ante los compañeros o amigos. De este modo se ganó el respeto de los demás independientemente de los pantalones que llevara.

◆

100. La mejor gestión emocional de una situación familiar traumática

Las situaciones traumáticas por las que puede pasar un niño son diversas: enfrentarse a la muerte de un ser querido cercano, la separación de sus padres, la adopción, el maltrato... A toda situación traumática le sigue un proceso de duelo; no se supera de la noche a la mañana.

En una circunstancia dura, no podemos engañarles. Si el niño ha perdido a alguien, no podemos hacer borrón y cuenta nueva. La realidad es la que es. Es dura, es un momento difícil, pero debemos reconocer que lo es, no mentirle. Y, sobre todo, acompañarle en el proceso y ayudarle a digerir esa confusión y esa tristeza.

En muchas situaciones traumáticas se experimenta un cambio, un dolor que, a pesar de ser psicológico, se manifiesta en dolor físico. Ambas sensaciones acaban por desaparecer, pero no porque nos olvidemos de lo que ha ocurrido, sino porque hemos aprendido a asumirlo, a vivir con ello. Aprendemos a vivir de nuevo, a ver lo bueno de la vida a pesar de lo ocurrido.

Los padres de Elisa se odian

A Elisa la adoptaron cuando era pequeña y, cuando tenía 10 años, sus padres se separaron. Desde entonces, un fin de semana sí, un fin de semana no, va a casa de su padre. Allí, escucha constantemente cómo su padre insulta a su madre y la culpa de la separación y de todos sus problemas.

Uno de esos fines de semana que pasaba con su padre, Elisa tenía partido de baloncesto y su madre quiso ir a verla jugar. Para que nadie la viera, se quedó en un rincón. Pero el padre la localizó y montó en cólera. Empezó a insultarla delante de Elisa y, de repente, la niña se bloqueó y no pudo articular palabra. Su padre, fuera de sí, tampoco habló con la niña ni se preocupó al ver cómo estaba.

En pleno ataque de ira, el padre cogió todas las cosas de su hija y las metió en una bolsa de basura. A la mañana siguiente, despertó a la niña y la sacó de casa porque no quería volver a verla. Elisa vivió el trago completamente bloqueada y precisó de apoyo profesional para poder liberarse del dolor.

Clara y la pérdida de sus padres

Clara perdió a sus padres en un accidente de tráfico. Su tía decidió acogerla a ella y a sus dos hermanos en casa, para que vivieran con ella y sus tres hijos. Clara, en lugar de hundirse por la muerte de sus padres, empezó a quejarse de la relación con sus hermanos y sus primos. Sabía que le ocurría algo, que estaba triste, pero no era capaz de verbalizar lo que realmente le dolía, así que identificó su sentimiento con la relación con sus hermanos.

Si le preguntaban por sus padres, contestaba que era una pena que hubieran muerto, pero no reaccionaba. La pérdida la empujaba a llamar la atención de otra manera, quejándose de sus hermanos, para así no pensar en lo que realmente había pasado. Necesitaba ser la que peor lo pasaba, la que más sufría, para sentirse importante.

PARA RECORDAR...

- No debemos sentirnos abatidos si no controlamos la situación y necesitamos acudir a una visión objetiva externa, profesional.
- Es inteligente solicitar orientación educativa aunque nos parezca una nimiedad a priori.
- Los superpadres no existen, y quienes afirmen que su hijo es perfecto sufren de ceguera ante los problemas y no son un apoyo real para los niños.
- Responsabilidad es la palabra clave. Si distinguimos un problema, debemos asumirlo y no obviarlo, compartirlo para repartir el peso del problema y buscar la ayuda necesaria sin dramas.

El papel utilizado para la impresión de este libro
ha sido fabricado a partir de madera
procedente de bosques y plantaciones
gestionados con los más altos estándares ambientales,
garantizando una explotación de los recursos
sostenible con el medio ambiente
y beneficiosa para las personas.
Por este motivo, Greenpeace acredita que
este libro cumple los requisitos ambientales y sociales
necesarios para ser considerado
un libro «amigo de los bosques».
El proyecto «Libros amigos de los bosques» promueve
la conservación y el uso sostenible de los bosques,
en especial de los Bosques Primarios,
los últimos bosques vírgenes del planeta.

Papel certificado por el Forest Stewardship Council®

MIXTO
Papel procedente de
fuentes responsables
FSC® C117695
FSC
www.fsc.org